L'AUDIT ET LES PROJETS

100 questions pour comprendre et agir

L'AUDIT ET LES PROJETS

Jean-Pierre Madoz

AFNOR

ISBN 2-12-475061-5

AFNOR - 11, avenue Francis de Pressensé, 93571 Saint-Denis La Plaine Cedex

Tél. : +33 (0)1 41 62 80 00 — www.afnor.fr

L'auteur

Physicien de formation, il commence sa vie active, au milieu des années soixante, dans un domaine lié à la production photographique.

Peu de temps après, il rejoint le Commissariat à l'énergie atomique, où il poursuit une activité de physicien dans le domaine de la métrologie radioactive fine.

Toujours au sein du CEA, il participe à l'effort d'indépendance énergétique français sous l'angle de la maîtrise du risque nucléaire, en soutien à l'Autorité de sûreté française.

Début 80, il rejoint les unités de recherche et développement du CEA à Cadarache pour y accroître les connaissances sur la réduction des risques radiologiques. Il découvre la démarche qualité et la met en œuvre pour la construction d'un projet de boucle d'essais baptisée REGGAE.

Puis c'est le tour de l'exploitation de maquettes expérimentales de recherche, où il met en place des systèmes qualité. C'est dans cette phase qu'il se forme à la pratique d'audit. Il enseigne aussi au sein de l'INSTN (Institut national des sciences et techniques nucléaires). Depuis il a rejoint un grand projet pour la recherche, et développe un système de traitement des informations (SYDONI). Il rejoint le bureau d'évaluation et de qualification des auditeurs du CEA et participe aux travaux de réflexion sur le processus audit.

Son activité d'auditeur concerne l'audit interne, l'audit externe, pour des activités de recherche, la conduite des projets, l'aide à la certification, l'accompagnement et l'évaluation d'auditeurs.

Son activité d'élu au sein de sa commune située près du centre de Cadarache lui a permis de prendre en compte le besoin « sociétal ».

L'auteur participe aussi à l'animation culturelle et sportive, au sein du CEA, mais aussi au sein de la société civile aixoise.

C'est ce patrimoine qui lui a permis d'écrire ce « 100 questions », qui est aussi un vrai projet, avec un clin d'œil à *l'effet miroir* !

Sommaire

L'auteur V

Avant-propos 1

Introduction 3

1 Contexte de l'audit 5

1. Qu'est-ce qu'un audit ? 7
2. L'audit est-il une inspection, un contrôle ? 9
3. Quels sont les liens entre audit et démarche qualité, audit et environnement ? 10
4. A quoi sert un système de management ? 11
5. Un système de management peut-il être reconnu ? 12
6. Qu'est-ce qu'un audit interne ? 14
7. Pourquoi fait-on un audit ? 15
8. Qui est le commanditaire ? 16
9. Que fait-on après l'audit ? 17
10. Quels sont les principes d'audit ? 18

2 Acteurs et projets 19

11. Qu'est-ce qu'un projet ? 21
12. Comment peut-on caractériser ou piloter un projet ? 22
13. Quels sont les liens entre projets et démarche qualité ? 24
14. Un organisme peut-il être structuré en projets ? En programmes ? Peut-il se faire reconnaître ? 25

3 **Satisfaction des parties intéressées** 27
15. Vous avez dit « parties intéressées » ? 29
16. Et le client dans tout ça ? 30
17. Quelle est la place de l'auditeur par rapport à la satisfaction des besoins ? 31
18. L'audit peut-il être mené pour des projets ? 33
19. L'audit s'applique-t-il à d'autres domaines que les projets ? 34
20. Quel intérêt y a-t-il à auditer un organisme certifié ? 35
21. Peut-on appliquer l'audit à une démarche de recherche fondamentale ? 36

4 **Effet « miroir »** 37
22. L'« effet miroir », c'est quoi ? 39
23. Comment peut-on présenter simplement l'« effet miroir » ? 40
24. Comment peut-on faire fonctionner l'« effet miroir » en audit ? 42
25. Qui fait le « miroir » ? 43
26. Qui est le responsable d'audit ? L'auditeur ? 44
27. Qui est l'expert ? L'observateur ? 45
28. Comment constituer l'équipe d'audit ? 46
29. Un auditeur peut-il être réfuté ? 47
30. Quelles sont les consignes au sein de l'équipe d'audit ? 48
31. Qui est le sujet ? 49
32. Qui est le représentant de la direction ? 50
33. Qui est le correspondant d'audit ? 51
34. Qui sont les autres acteurs audités de l'organisme ? 52
35. Qui sont les partenaires de l'organisme ? 53
36. Dans l'audit, qu'est-ce que la lumière ? Comment la fait-on ? 54
37. Quelle place les documents doivent-ils occuper dans l'information des parties prenantes ? 55
38. Les documents transmis pour l'audit doivent-ils systématiquement être à jour ? 56

5 **Champ d'audit** 57
39. Qu'est-ce que le champ d'audit ? 59
40. Y a-t-il, au sein d'un organisme, des domaines à auditer différents ? 60
41. Est-on bien face au miroir ? Est-ce bien le champ d'audit ? 61

6 **Résultat... l'image !** 63
42. Qu'est-ce que l'image de l'audit ? 65
43. Qu'est-ce qu'un rapport d'audit ? 67

7 **Du bon usage des documents** 69
44. Qu'est-ce qu'un document ? 71
45. Qu'est-ce qu'une norme ? un référentiel ? 73
46. Comment situer les différents documents entre eux au sein d'un organisme ? 75
47. Faut-il manager l'information ? 76

8 **Objectifs des audits** 77
48. Qu'apporte l'audit ? 79
49. Quels bénéfices secondaires l'audit peut-il apporter ? 81
50. L'évolution des normes a-t-elle entraîné de nouvelles pratiques d'audit ? 82

9 **Processus audit** 85
51. Qu'est-ce que le processus d'audit ? 87
52. Doit-on piloter le processus audit ? 88

10 **Plan (prévoir)** 89
53. La planification des audits présente-t-elle des particularités ? Lesquelles ? 91
54. A quoi sert un programme d'audit ? A quelle phase du projet l'audit doit-il être prévu ? 92
55. Combien ça coûte ? 94
56. Comment le responsable d'audit doit-il planifier son audit ? En particulier pour les projets ? 95
57. En audit de projet, comment prendre en compte un groupement d'entreprises ? 97

58. Comment apprécier à priori le degré de maturité du système de management de l'organisme, du projet ? 98
59. Qu'est-ce que le plan d'audit ? 100

11 **Précautions** 101
60. Comment l'auditeur doit-il appréhender les documents ? Faut-il un questionnaire ?... un guide ? 103
61. S'il n'y avait qu'une seule recommandation pour cette phase juste avant audit, quelle serait-elle ? 105

12 **Do (faire)** 107
62. Quels sont les prérequis pour réaliser l'audit le jour « J » ? 109
63. Comment réussir la réunion d'ouverture ? 110
64. Comment se déroule l'audit ? 111
65. Comment prépare-t-on la réunion de restitution ? 113
66. Comment conduit-on la réunion de restitution ? 115
67. Qui peut formuler des conseils au cours de l'audit ? 116
68. Comment est fait le rapport d'audit ? 117

13 **Check (mesurer)** 119
69. L'audit est-il bien fait ? 121
70. Le client sera-t-il mieux servi ? 122
71. Comment l'auditeur peut-il mesurer s'il a bien fait l'audit ? 123
72. L'audit a-t-il permis d'identifier des risques ? 124
73. Comment exploiter le rapport d'audit ? 125

14 **Act (améliorer)** 127
74. Quels effets peut-on attendre de l'audit sur les bonnes pratiques ? 129
75. D'autres boucles d'amélioration que celles du terrain peuvent-elles s'envisager ? 130
76. Peut-on améliorer le programme d'audit ? 131

15 **Types d'audit** 133
77. Qu'est-ce qu'un système de management ? 135
78. Qu'est-ce qu'un audit « système » ? 136

79. Un audit conduit dans le cadre de la certification est-il un audit système ? 138
80. Qu'est-ce qu'un processus ? 139
81. Tous les organismes mettent-ils en œuvre des processus ? 140
82. Existe-t-il un modèle de management des processus ? ..142
83. Peut-on auditer un processus ? 143
84. Quelles sont les exigences de la norme pour les processus ? 144
85. Qu'est-ce qu'une application ?... un audit d'application? 145

16 Nature d'audit 147
86. Qu'est-ce qu'un « diagnostic » ? 149
87. Des précautions particulières sont-elles nécessaires lors d'un audit « diagnostic » ? 150
88. S'il n'y avait qu'une seule recommandation à faire pour un audit « diagnostic », quelle serait-elle ? 151
89. Qu'est-ce qu'une évaluation ? Quels auditeurs faut-il ? 152
90. Y a-t-il une phase appropriée pour effectuer un audit d'évaluation ? 153
91. L'audit d'évaluation est-il bien le principal audit à réaliser ? 154
92. Qu'est-ce qu'un audit de suivi ? 155
93. Qu'est-ce que la matrice typologie/nature d'audit ? ...156

17 Risques en audit 159
94. Peut-on préciser la notion de risque en audit ? 161
95. Comment gérer une crise en cours d'audit ? 163
96. Quelles qualités humaines sont nécessaires au management des audits ? 164
97. Quelle formation faut-il à l'auditeur ? 165

18 Parcours de l'auditeur 167
98. Y a-t-il un PDCA auditeur ? 169

99. Quel accompagnement des auditeurs faut-il privilégier ? 171
100. Quelle reconnaissance pour le métier d'auditeur ? 172
101. Mes « trucs d'audit » ? 173

19 Perspectives d'amélioration dans les organismes 175
102. Peut-on valoriser l'audit ? 177
103. Quelles sont les perspectives d'amélioration ? 178

Bibliographie normative 181

Avant-propos

Cette collection, éditée par AFNOR sous forme de questions-réponses, aborde un sujet d'actualité, la pratique de l'audit. Sous ce vocable, plusieurs interprétations sont possibles : s'agit-il d'une démarche technique (par exemple audit financier, audit sécurité) ou bien organisationnelle (telle que les audits qualité, environnement, ou encore de système de management) ?

L'auteur apporte un éclairage, non seulement sur la portée des audits organisationnels, mais aussi sur leur application, et notamment sur la conduite des projets.

Fort de son expérience en audits internes, mais aussi externes, l'auteur formule les questions que peuvent se poser les commanditaires d'audits (ceux qui expriment le besoin d'audit), les auditeurs, et enfin les audités, et propose les réponses les plus pertinentes et accessibles aux différents points de vue.

À cette fin, une ou plusieurs réponses est/sont proposée(s) en mentionnant le point de vue, et si il y a lieu, les particularités d'applications aux projets.

Ainsi, en fonction de votre position (auditeur, audité, etc.), vous pouvez examiner plus attentivement les points de vue des autres parties prenantes.

Enfin, pour le formateur à l'audit, ou bien celui qui, au sein d'un organisme, est appelé à manager les audits ou la démarche d'amélioration permanente, une lecture plus globale est possible, au fur et à mesure du texte proposé, bâti comme un « voyage au pays de l'audit... » avec son application à la conduite des projets.

Nous vous souhaitons bonne lecture !...mais aussi bonne pratique !

Introduction

L'évolution de la société donne à la relation contractuelle une place centrale dans les relations des organismes avec le tissu industriel et celui de la recherche. Cette relation se double d'une nouvelle dimension : celle de la confiance dans un cadre de développement mutuel.

Cette confiance est également une attente forte de la société envers l'entreprise ou l'organisme dans son rapport à l'environnement, la sécurité. Le citoyen, de plus en plus conscient des risques encourus dans ces domaines, tout comme le législateur, est également relayé par le normalisateur.

L'audit aide au renforcement de la confiance qui doit s'améliorer entre les différentes parties. L'auditeur est un tiers indépendant, il est l'ambassadeur accepté des différentes parties. Il est aussi de plus en plus appelé à pratiquer en interne.

Le processus d'audit est-il clair ?... Le comprenons-nous tous de la même façon ?... L'audit fait l'objet des questions-réponses qui suivent !

1

Contexte de l'audit

1 *Qu'est-ce qu'un audit ?*

Selon *le Petit Robert*, le vocable « audit » tient son étymologie du latin *auditus* « entendu » (dont le sens est saisi). Il s'agit donc bien de réponses à des questions formulées à une personne capable d'entendre et, surtout, capable de comprendre les réponses, puis de les transmettre à d'autres acteurs : c'est le rapport d'audit.

Il y a au moins deux acteurs lors d'un audit. Celui qui formule des questions de façon impartiale, et attend des réponses : l'auditeur ; et celui qui répond, et donc accepte le jeu questions-réponses : l'audité.

Sans entrer dans une terminologie technique liée à la pratique de l'audit, on peut distinguer les audits externes, les audits internes, et les audits de certification.

Les audits externes sont réalisés dans un cadre qui peut être contractuel, ou qui peut le devenir, entre le client (ou le futur client), et l'organisme qui va concourir à la satisfaction du client. Ainsi c'est le client qui est initiateur de l'audit, c'est lui qui va impulser le processus et encourager l'organisme à accepter l'audit, donc le jeu de questions-réponses. Le rapport d'audit sera porté à la connaissance du client, donc en *externe* de l'organisme.

Les audits internes sont faits à partir d'une volonté interne d'auditer sa propre organisation. C'est donc l'organisme, indépendamment d'un client, qui décide de faire effectuer un audit dit « interne », même s'il est mené avec des auditeurs externes à l'organisme. Le rapport d'audit est diffusé en *interne* ; il traduit la volonté de s'améliorer soi-même. Cette pratique est fortement recommandée, voire imposée par les nouvelles normes ISO[1].

Les audits de certification permettent, par un organisme tiers (indépendant des clients et des organismes), de reconnaître le niveau de maturité et de lisibilité du système mis en œuvre au sein de l'organisme. Ils sont conduits par des auditeurs reconnus des organismes certificateurs.

1 ISO : International Standard Organization

Un audit est donc l'examen indépendant d'un organisme, d'un fournisseur, en vue d'améliorer la confiance de son client et des autres parties intéressées.

Ainsi, contrairement à une idée souvent reçue, les salariés de l'organisme ne sont pas audités, même s'ils doivent répondre à des questions. C'est l'organisation dans laquelle ils se situent qui fait l'objet de l'audit.

2 *L'audit est-il une inspection, un contrôle ?*

L'inspection s'apparente au contrôle du gendarme sur le bord de la route. Si tout va bien, tant mieux... Si l'automobiliste a enfreint la loi, il risque la sanction....qui peut être cinglante.

L'audit est un constat partagé, il ne préjuge pas des solutions à mettre en œuvre pour améliorer la confiance. Il ne propose pas de sanction. L'audit n'est donc pas une inspection.

L'audit est-il un contrôle ? La notion de contrôle est bien souvent associée à un contrôle de type technique. Par exemple, on parle d'un contrôle pour un véhicule, les freins, la direction... On peut aussi parler d'expertise.

L'audit est plutôt orienté vers le contrôle de l'organisation d'un organisme. L'audit est en quelque sorte une forme de contrôle, voire d'autocontrôle, pour tout ou partie de l'organisme, sous l'angle organisationnel.

L'audit, pour revenir à la comparaison avec le véhicule, serait par exemple l'examen de l'organisation mise en place afin d'assurer de bons contrôles techniques.

3 *Quels sont les liens entre audit et démarche qualité, audit et environnement ?*

La démarche qualité vise la satisfaction des différents acteurs : les clients, mais aussi les parties intéressées, c'est-à-dire les partenaires (externes à l'organisme, mais aussi internes, les salariés), les organismes réglementaires, les utilisateurs, la société... pour des produits ou services rendus.

Pour la démarche environnementale, il s'agit de montrer que l'organisme se préoccupe de l'impact de ses activités sur l'environnement.

Chaque acteur a une attente forte vis-à-vis des organismes qui ont à répondre aux différents besoins.

Il y a encore peu d'années, la confiance allait de pair avec la notoriété de l'organisme. Cette notoriété demande beaucoup de temps à s'établir. Elle peut se construire au niveau local, régional, national, voire international. Chaque organisme a un besoin d'image, essentiel pour sa survie.

L'organisme doit aussi gagner la confiance des acteurs internes afin de mobiliser les ressources humaines vers les mêmes objectifs.

Cette confiance doit être gagnée avant même l'étape de contractualisation.

L'audit vise à augmenter la confiance entre ces différents acteurs, et à ce titre il peut concourir à cette satisfaction. En fait, le processus d'audit est actuellement partie intégrante de la démarche qualité et/ou environnementale, telle que celle exigée dans la norme ISO 9001 (version 2000), pour l'**audit interne.**

Dans le domaine environnemental, la transposition est aussi aisée.

Il existe une norme pour l'audit des systèmes de management de la qualité et/ou de management environnemental[2].

2 NF EN ISO 19011 (décembre 2002) : Lignes directrices pour l'audit des systèmes de management de la qualité et/ou de management environnemental

4 *A quoi sert un système de management ?*

Le système de management (d'un organisme) permet à un organisme de se structurer pour répondre aux besoins (notamment du marché), ainsi qu'à ses besoins internes. Ce système peut être décrit dans un modèle, comme c'est le cas de l'ISO 9000 (version 2000), qui présente un modèle de système de management par les processus. Ce modèle (Figure 1) est applicable quels que soient les domaines et activités de l'organisme qui le met en œuvre.

Son caractère international lui donne une grande force.

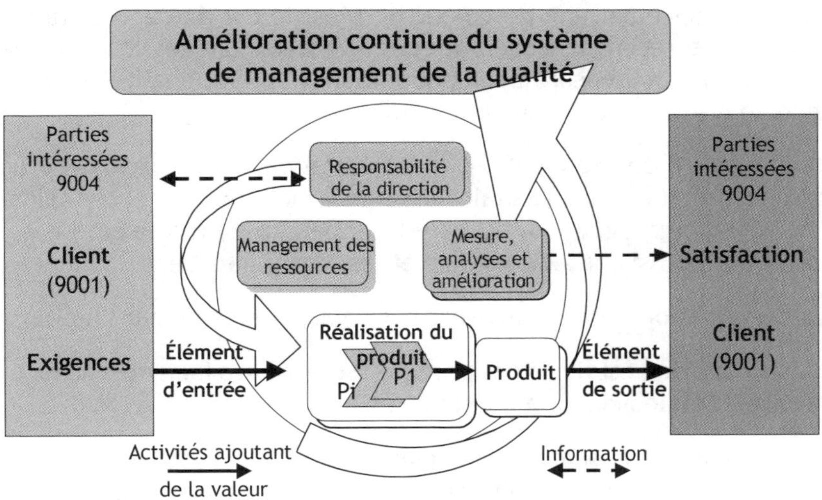

Figure 1 Modèle d'un système de management basé sur les processus

5 *Un système de management peut-il être reconnu ?*

Un système de management peut être reconnu, pour un organisme et pour une ligne d'activités, par une tierce partie (elle-même reconnue), ou par auto-évaluation. Cette reconnaissance est attestée par un document (certificat) par rapport à une norme. Par exemple, l'organisme Tartempion peut être « certifié ISO 9001 (version 2000) pour son activité de formation », par l'organisme certificateur XYZ (lui-même reconnu par le COFRAC[3] qui est pour la France l'organisme qui accrédite les certificateurs).

On peut trouver d'autres exemples de référentiels qui permettent une reconnaissance par une tierce partie. C'est le cas de l'accréditation qui est une reconnaissance « métier » (notamment les activités de laboratoire[4]), ou encore pour l'obtention d'un prix qualité selon un modèle d'excellence(exemple EFQM[5]).

Qu'il s'agisse de certification, d'accréditation, ou d'obtention d'un prix qualité, il est toujours fait référence à un « référentiel (de management) d'organisme ». C'est ce référentiel qui est utilisé par l'organisme mais aussi par les auditeurs et les organismes tiers.

La certification est indépendante des organismes et de leurs métiers.

L'accréditation est liée à des pratiques sectorielles (activités de laboratoire, d'étalonnage, de formation...).

Les prix qualité sont indépendants des organismes et de leurs métiers, tout comme la certification, mais sont basés sur l'autoévaluation.

Si l'on imaginait une échelle de « reconnaissance » de systèmes de management, on pourrait classer dans l'ordre suivant à titre indicatif :

---

3 COFRAC : Comité français pour l'accréditation

4 ISO CEI 17025 : Prescriptions générales concernant la compétence des laboratoires d'étalonnages et d'essais

5 EFQM : European Foundation for Quality Management

- l'accréditation et la labellisation... plutôt « métier » ;
- la certification..., qui est une reconnaissance indépendante, d'un système de management considéré comme « suffisant » par rapport aux exigences du référentiel considéré ;
- les organismes certifiés et accrédités... qui cumulent donc ces deux reconnaissances , la certification et l'accréditation !
- le prix qualité ou modèle d'excellence... qui répond non seulement aux exigences de la certification dans un but d'*efficacité* (satisfaction des besoins), mais aussi aux recommandations d'un modèle dans le but d'être plus *efficient* (être efficace par une optimisation des ressources).

6 *Qu'est-ce qu'un audit interne ?*

L'audit interne, comme son nom l'indique, est déclenché en interne dans l'organisme.

Il peut être fait indépendamment des clients et des contrats en cours, pour évaluer le niveau de maturité du système de management de la qualité (système de management de la qualité), ou environnemental (SME). Il s'agit d'un audit interne « système ».

Par exemple, pour l'audit interne (de système de management de la qualité), « l'objectif de l'audit est de déterminer l'aptitude d'un organisme à satisfaire durablement aux exigences de ses clients et à leur donner confiance par la mise en œuvre d'un système de management de la qualité efficace, conforme aux exigences de la norme ISO 9001 (version 2000) ».

L'audit interne peut aussi être déclenché pour évaluer l'application du système de management de la qualité, pour un produit ou un projet, propres à une relation contractuelle identifiée. Dans ce cas, il s'agit d'un audit interne d'application à un « produit », ou un « projet », dans le cadre du système de management de la qualité mis en œuvre.

La reconnaissance de certains systèmes de management tels que, par exemple, la certification qualité ISO 9001, environnement ISO 14001, impose des programmes d'audits internes. Ces audits internes interviennent dans le processus d'amélioration permanente de l'organisme et permettent de faire vivre le système de management de façon continue. Bien entendu, il faut que ces programmes d'audits internes soient judicieux. Il importe donc qu'ils soient élaborés puis validés à différents niveaux de l'organisme pour bénéficier d'un accord sur les différents points de vue (terrain et direction).

La durée du processus d'élaboration des programmes d'audits internes dépend de la taille de l'organisme.

Les résultats des audits internes constituent des données d'entrée pertinentes pour les revues de management de la direction, qui permettent de faire évoluer le système.

1 *Pourquoi fait-on un audit ?*

Cette question de fond recèle un piège... celui de faire de l'audit pour l'audit !

L'audit est mené avant tout pour répondre au commanditaire, qu'il soit externe ou interne.

Le commanditaire externe a besoin d'évaluer à priori son futur fournisseur, car il ne lui accorde qu'une confiance relative. Il hésite à lui confier une prestation, compte tenu des informations dont il dispose. Il veut donc mieux connaître l'organisation du fournisseur et s'interroge : est-ce que je cours un risque à lui confier telle ou telle prestation ? Dans ce cas il fera réaliser un audit système. Cet audit pourra ainsi conforter une base de données fournisseurs.

Prenons le cas, par exemple, où le commanditaire externe a déjà contractualisé. Il souhaite s'assurer à mi-parcours que les promesses qui lui ont été faites seront tenues ! Il fera réaliser un audit produit ou du projet.

Le commanditaire peut être interne. Il veut savoir, par exemple, si son système de management avance, ou si la prestation due au client est en bonne voie. Dans ce cas, il fera réaliser un audit interne système, ou produit/projet.

La question du « pourquoi » se pose aussi à l'auditeur qui aura à conduire l'audit. Il devra s'assurer que le besoin d'audit est bien réel, et/ou que le fournisseur n'a pas été audité récemment.

Quel que soit le point de vue, que le commanditaire soit interne ou externe, il existe un risque de mener l'audit alors qu'il n'est peut-être pas nécessaire de le faire ! Celui qui peut être audité doit aussi le rappeler, en présentant les arguments appropriés.

8 *Qui est le commanditaire ?*

Le commanditaire de l'audit est celui qui décide que l'audit doit être fait.

En fait, il y a souvent confusion entre celui qui exprime le besoin initial d'audit, qui peut être client d'une prestation, d'un projet, ou bien d'un système de management, et celui ou ceux qui valident ce besoin, l'intègrent dans une stratégie notamment au travers de l'élaboration du programme d'audit.

Ainsi, c'est plutôt les décideurs, ou ceux qui valident le programme d'audits, qui sont les commanditaires officiels, car ils évaluent aussi les ressources dont il faudra bénéficier pour mener à bien ces audits.

Ces ressources ne sont pas extensibles, il faut faire des choix. Ce sont les décideurs qui ont cette mission.

Le client d'audit est somme toute celui qui exprime un besoin « terrain », il a donc un besoin opérationnel plus ou moins urgent, d'accroître sa confiance, soit vis-à-vis de la prestation attendue, soit vis-à-vis de la maturité de son système de management. Il doit aussi démontrer ou défendre son besoin d'audit devant les décideurs.

Exemple : un chef de projet estime indispensable de faire auditer un maître d'œuvre dont la prestation est sensible pour mener à bien son projet. Il exprime un besoin d'audit « terrain » pour la réalisation duquel il devra convaincre les décideurs, sa hiérarchie. Celle-ci retiendra ce projet, et le validera au niveau de l'élaboration du programme d'audit. La direction deviendra le commanditaire de l'audit.

9 *Que fait-on après l'audit ?*

Pour le responsable d'audit, il s'agit de rédiger rapidement le rapport d'audit et de le transmettre au commanditaire (son client), avec, parfois, une proposition de lettre aux audités.

Il revient au commanditaire de saisir l'audité, afin que celui-ci s'engage dans des actions d'amélioration.

L'audité doit pouvoir proposer des actions d'amélioration, avec des dates prévisionnelles. C'est à cette étape que le concours d'un conseil externe peut être utile.

Avec ou sans conseil externe, les actions d'amélioration prennent souvent du temps.

Elles peuvent être du ressort direct de l'audité, ou devoir être mises en œuvre à un niveau supérieur de l'organisme.

Comme vu précédemment, le rapport d'audit et le suivi des actions d'amélioration sont des données pertinentes pour la revue de direction, qui constitue l'instance de pilotage du système de management.

Le suivi est décisif car, sans cela, le risque est de ne pas appliquer les actions correctives nécessaires à la prestation, au projet, ou à l'organisme.

Il s'agit de déclencher une ou plusieurs boucles d'amélioration : d'une part, celle directement concernée par l'audité qui va mettre en œuvre les actions d'amélioration directement de son ressort, d'autre part, celle qui peut concerner par exemple un processus de pilotage qui sera lui, du ressort de la direction.

10 *Quels sont les principes d'audit ?*

L'audit est fondé sur un certain nombre de principes qui en font un outil efficace, pour aider à améliorer les performances de l'organisme et aussi la satisfaction des clients.

Pour que les conclusions soient pertinentes, les principes doivent être respectés par les auditeurs afin de garantir que des auditeurs travaillant de façon indépendante parviennent à des conclusions semblables dans des circonstances similaires.

Les principes suivants s'appliquent aux auditeurs :

- **Déontologie** : c'est le fondement du professionnalisme, qui permet la confiance, l'intégrité, la confidentialité, et la discrétion.
- **Impartialité** : les constats d'audit, les conclusions, et les rapports d'audit reflètent de manière honnête et précise les activités d'audit.
- **Conscience professionnelle** : les auditeurs agissent en accord avec l'importance des tâches qu'ils réalisent et la confiance que leur ont apportée les commanditaires. Il faut posséder les compétences et l'expérience.
- **Indépendance** : les auditeurs sont indépendants de l'activité auditée, ils n'ont ni parti pris ni conflit d'intérêts. Les auditeurs conservent un état d'esprit objectif pour s'assurer que les constats et conclusions sont fondés sur des preuves d'audit.
- **Approche fondée sur des preuves** : les preuves d'audit sont vérifiables, elles s'appuient sur des échantillons d'informations disponibles. La confiance est liée à l'utilisation appropriée de l'échantillonnage.

À ces principes, il convient d'associer, notamment pour l'audit interne au sein des organismes, la **dynamique** du processus d'audit, la **dynamique** des auditeurs ainsi que leur **disponibilité**.

2

Acteurs et projets

11 *Qu'est-ce qu'un projet ?*

Un projet (Figure 2) peut être représenté schématiquement selon un tétraèdre, ou berlingot[6], dont les sommets sont constitués des résultats (les performances ou qualité du projet), des ressources (les moyens humains, matériels et financiers), des délais (la planification), compte tenu des risques du projet (techniques, juridiques, financiers).

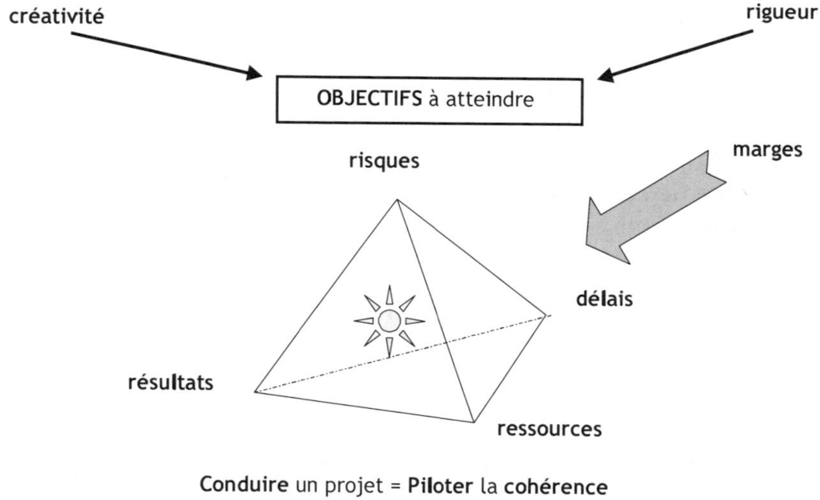

Figure 2 Qu'est-ce qu'un projet ?

Un projet consiste à atteindre des objectifs à une date donnée, en mobilisant des ressources, compte tenu des « risques » qui lui sont associés.

6 Tétraèdre projet : marque déposée CEA (Commissariat à l'énergie atomique)

12 *Comment peut-on caractériser ou piloter un projet ?*

On caractérise un projet[7] par ses performances (les résultats), l'enveloppe budgétaire prévue, la date de fin ou mise à disposition, compte tenu des enjeux et des risques.

De plus, un projet est caractérisé par la phase dans laquelle il se situe.

On distingue généralement :
- la phase d'opportunité, ou de faisabilité, où sont examinés l'intérêt de lancer le projet (les enjeux), les solutions envisageables pour le réaliser, les coûts et les délais prévisibles ;
- la phase de conception, qui permet de mieux définir le projet ;
- la phase de développement, qui peut comprendre des activités de recherche, conjointe ou non avec la phase suivante ;
- la phase de réalisation ;
- la phase de mise en exploitation ;
- la phase de retrait.

Le pilotage se fait par rapport aux marges, c'est-à-dire qu'il faut se situer à l'intérieur du tétraèdre « résultats-ressources-délais-risques », et donc assurer une certaine cohérence de ces quatre paramètres.

Au tétraèdre identifié, il convient d'ajouter deux autres principes :
- la remontée de l'information vers les décideurs ;
- la tenue de revues de projets, à des jalons bien identifiés, notamment entre phases.

La façon dont est conduit le projet fait l'objet d'un document généralement appelé plan de management du projet (pour les nostalgiques de l'assurance qualité, c'est le PAQ du projet).

---

7 **Projet** : processus unique qui consiste en un ensemble d'activités coordonnées et maîtrisées comportant des dates de début et de fin, entrepris bans le but d'atteindre un objectif conforme à des exigences spécifiques (FD X 50-115).

Ce plan de management peut se décliner aux fournisseurs de l'organisme, par une spécification de management[8].

8 Spécification de management *cf.* Recommandation générale pour la spécification de management de programme FD X 50 410 (nov. 1999) qui reprend la RG Aéro 0040A (avril 1999) du Bureau de normalisation de l'aéronautique et de l'espace (BNAE).

13 *Quels sont les liens entre projets et démarche qualité ?*

Une démarche qualité vise essentiellement à répondre aux différents besoins, ceux des clients, mais aussi des parties intéressées.

Pour les projets, les besoins sont identifiés : ce sont les performances. Les contraintes le sont également, notamment les coûts et les délais.

On peut donc dire qu'une démarche projet est une démarche qualité, qui explicite la façon dont on la conduit, compte tenu des contraintes liées notamment, aux délais, aux ressources, et aux risques.

Généralement les risques du projet font l'objet d'une analyse des risques projet, organisationnels et techniques, qui sont une particularité de la démarche.

Suivant les dernières normes ISO 9000 (version 2000), la démarche qualité est basée sur le management de l'organisme par les processus, sur l'amélioration permanente pour la satisfaction des clients (ISO 9001) et des parties intéressées (ISO 9004).

La conduite de projet est en fait un processus de réalisation, tel que l'impose la mise en œuvre d'un système de management comme l'ISO 9000 (version 2000).

Sur une cartographie des processus selon ISO 9000 (version 2000), ce processus de conduite de projet peut être présenté par des sous-processus relatifs aux performances, à la maîtrise des coûts, à la maîtrise des délais, et au suivi des risques projet.

Ainsi, une démarche projet qui vise la satisfaction des différents acteurs, les clients et les parties intéressées, peut être intégrée dans un système de management d'organisme.

14 *Un organisme peut-il être structuré en projets ? En programmes ? Peut-il se faire reconnaître ?*

Certains organismes sont structurés de façon à conduire des projets. Par exemple, des structures organisationnelles intègrent l'ensemble des acteurs de l'organisme dans une structure dite « croisée ». Les ressources humaines sont gérées verticalement par métier, de façon hiérarchique, alors que les projets sont managés de façon horizontale, par des directions de programmes, avec des chefs de projets.

Les processus projets mettent en œuvre de façon « horizontale » les acteurs des ressources « verticales » : les métiers.

Les processus sont décrits, conformément à des recommandations de textes normatifs[9], pour chaque projet, ou bien font l'objet de compléments selon un référentiel de conduite de projet, propre à l'organisme (codes de bonnes pratiques).

L'organisme va se structurer au travers d'un système de management visant à optimiser son portefeuille de projets. On parlera de management **par** projets[10]. L'ensemble des projets peut constituer un programme. Il y a donc des arbitrages à gérer au niveau le plus haut de cet organisme, pour que les projets s'inscrivent de façon cohérente au sein des programmes.

La reconnaissance de l'organisme peut se faire par le biais du processus de certification qualité qui identifie, selon ses bonnes pratiques, ses processus, de façon cohérentes avec l'ISO 9001 (version 2000). Il sera certifié ISO 9001, pour les « activités de conduite de projets et/ou de programme ».

---

9 Systèmes de management de la qualité – Lignes directrices pour le management de la qualité des projets ISO/DIS 10006 de fin 2002

10 FD X 50-116 : Management par projets

3

Satisfaction des parties intéressées

15 *Vous avez dit « parties intéressées » ?*

La notion de « parties intéressées » est apparue au travers des normes ISO 14000 relatives à l'environnement.

Cette notion a été considérablement utilisée par les normes ISO 9000 (version 2000), notamment dans la norme ISO 9004 qui est un recueil de lignes directrices et formule des recommandations pour les organismes qui souhaitent dépasser la notion de « satisfaction des clients et de la réglementation » (ISO 9001).

En fait les parties intéressées sont tous les acteurs concernés par le (bon) déroulement d'un projet, donc les clients et les organismes réglementaires, mais aussi les partenaires, les futurs utilisateurs, les autres acteurs de la société (collectivités locales, médias, associations, citoyens) s'il y a lieu.

Ainsi les parties intéressées comprennent les acteurs susceptibles de représenter un besoin de société (protection de l'environnement, besoin éthique, développement durable...).

16 *Et le client dans tout ça ?*

Le client est roi ?... Ce n'est plus tout à fait vrai ! Bien sûr, il paie, il prévoit le financement (avec d'éventuels partenaires), il vise à satisfaire ses propres besoins, mais aussi les attentes potentielles des parties intéressées.

Le client doit donc, au moment de l'expression de ses besoins, prendre en compte d'autres attentes que les siennes. En est-il conscient ? La démarche qualité (et/ou de projet) doit pouvoir l'aider... l'auditeur aussi !

17 *Quelle est la place de l'auditeur par rapport à la satisfaction des besoins ?*

La satisfaction des besoins couvre un vaste domaine qui va des besoins des clients aux besoins des parties intéressées. C'est l'organisme qui doit y répondre, en faisant souvent appel à un ou plusieurs fournisseurs. Il y a donc plusieurs acteurs et plusieurs relations contractuelles (*cf.* Figure 3), pour lesquelles l'auditeur est un acteur supplémentaire participant à la satisfaction des besoins.

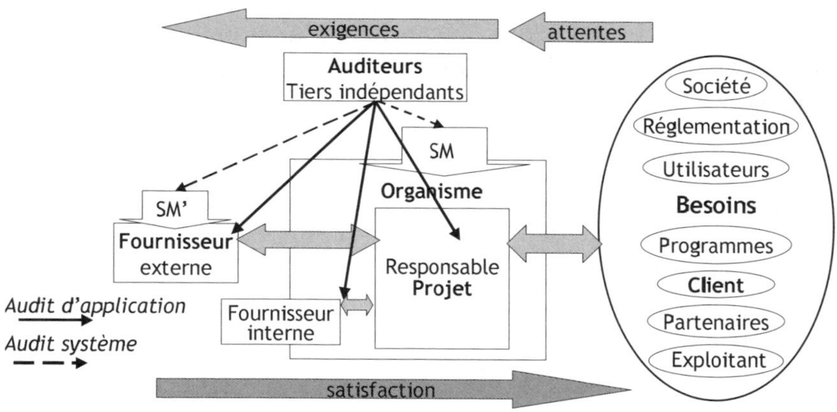

Figure 3 Audit : des attentes à la satisfaction des besoins

Dans ce schéma, une structure horizontale d'organisme, de fournisseur, permet de répondre aux besoins et met en jeu notamment des processus de réalisation de produits, ou projets. Ainsi dans cet axe « horizontal », l'auditeur aura potentiellement à mener des audits de processus, de produit, de projet.

Toujours dans ce schéma, cette fois sur un axe « vertical », l'auditeur mènera potentiellement des audits « système » (de management), conformément aux normes ISO. C'est le cas des audits dits de certification d'organisme, pour une activité donnée.

Pour revenir à l'axe « horizontal », l'auditeur peut aussi conduire un audit de processus, ou produit, ou projet, en le situant au sein du système de management de l'organisme. Dans ce cas, l'auditeur pourra aussi examiner le système de management globalement avec son **application** au processus, au produit ou projet concerné. C'est sans aucun doute le meilleur audit qu'il soit possible d'imaginer, puisqu'il va à la fois permettre d'examiner les réponses aux besoins des clients, mais aussi la conformité à la norme. A terme, tout auditeur se doit de pouvoir conduire un tel type d'audit.

Toujours selon le schéma, il n'y a pas que le couple client-organisme, mais aussi les fournisseurs de l'organisme, donc trois types d'acteurs. Ces acteurs ont des relations « contractuelles » et institutionnelles.

À ces trois types d'acteurs, il convient d'ajouter l'auditeur. Nous avons donc **quatre acteurs** qui concourent à la satisfaction des besoins.

18 *L'audit peut-il être mené pour des projets ?*

Bien entendu, dans le cadre de la conduite des projets, des audits peuvent être envisagés. Ils sont encouragés notamment sur les grands projets pour lesquels un plan de management de projet est mis en œuvre (avec ses déclinaisons sous formes de spécifications de management vers les fournisseurs). Des exigences relatives à la conduite des audits y sont explicitées.

Du point de vue de l'auditeur, l'audit, dont la faisabilité est examinée au niveau de sa préparation, peut se conduire uniquement sur le projet, à condition qu'il y ait au moins une spécification de management du projet entre la maîtrise d'ouvrage et le maître d'œuvre.

Des précautions sont aussi à prendre, car on risque fort de n'auditer que le processus de conduite du projet, si on ne se base que sur l'existence d'un plan de management. Ainsi, c'est sur l'axe métier de conduite du projet que portera l'effort, avec ses limites.

Comme pour un audit d'application « produit », on risque d'oublier malencontreusement tout ce qui fait la richesse de l'audit au sein d'un système de management, notamment vis-à-vis du management des ressources et de l'amélioration permanente de l'organisme au sein duquel le projet est conduit.

19 *L'audit s'applique-t-il à d'autres domaines que les projets ?*

On peut appliquer le processus audit à la fourniture de produits, de matériels, mais aussi aux services, prestations de maintenance, transports, loisirs, culture, etc.

C'est d'ailleurs depuis longtemps plutôt dans ces domaines que l'activité d'audit se pratique.

Il en va ainsi pour certains exploitants d'installations qui ont à faire leurs contrôles et essais périodiques, la maintenance, par des sociétés de services.

Ils vérifient que ces prestations sont bien effectuées au travers d'un système qualité, car souvent la réglementation leur impose une « maîtrise des prestataires » qui nécessite des actions de contrôle. Ces exploitants utilisent l'audit comme action de contrôle.

D'ailleurs, de nombreux organismes ont ainsi déjà cherché à faire « reconnaître » leur système de management par une tierce partie, qui doit être impérativement audité. C'est le cas pour le processus de certification.

20 *Quel intérêt y a-t-il à auditer un organisme certifié ?*

Un organisme déjà certifié montre qu'il a mis en place un système de management reconnu efficace, donc lisible par un tiers indépendant.

Certifié selon l'ISO 9001 (version 2000), ce système vise à l'amélioration permanente. Il est donc perfectible et, pour cela, s'impose de programmer des audits internes.

En principe, c'est ce que doit faire l'organisme ! Mais les échéances du renouvellement de certification sont parfois lointaines (actuellement trois ans !) et les audits internes peuvent mal se dérouler.

Pour un client qui envisage de passer commande, si l'organisme est nouvellement certifié, c'est un plus ! Le besoin d'audit ne paraît pas justifié.

Mais si la commande est déjà passée, le client peut demander au fournisseur de réaliser un audit interne par rapport à sa demande de fourniture ou de projet. Ainsi le client participe de l'extérieur à l'expression d'audits internes, cette fois par rapport à ses propres besoins. Il évite ainsi de faire l'audit lui-même. Il demande par contre à avoir communication du rapport d'audit et des actions d'amélioration s'il y a lieu. L'objectif de l'audit est donc de s'assurer que l'organisme met bien en œuvre son système de management pour répondre de façon efficace à la demande du client.

En dernier ressort, le client peut faire réaliser l'audit, mais il vaut mieux déjà le prévoir au niveau du contrat. C'est ce qui est fait pour certains grands projets, au travers de la spécification de management du projet. L'objectif de l'audit vise aussi dans ce cas l'efficacité.

21 *Peut-on appliquer l'audit à une démarche de recherche fondamentale ?*

Actuellement, la pratique de l'audit ne semble pas très répandue dans ce domaine.

Certains organismes de recherche, notamment en France, commencent à se doter de référentiels de conduite de projets de recherche, et même d'actions thématiques de recherche, plus communément appelées « recherche fondamentale ».

Compte tenu de ce préalable, la formulation d'un référentiel qualité « métier », il est possible de conduire un audit. Cette opération sera l'occasion de dialoguer avec les audités, ici les chercheurs, pour leur faire comprendre qu'ils ont tout intérêt à se prêter à l'exercice d'audit par rapport à leurs activités.

Bien sûr, il faudra des auditeurs familiers de ce milieu, qui pratiqueront le dialogue avant audit ; cet audit devra être conduit de façon pédagogique. Le diagnostic est fortement pressenti, il doit permettre une première approche non traumatisante pour l'audité, qui n'est pas encore bien préparé à ce type de démarche.

Au niveau français, il existe un fascicule de documentation relatif à la démarche qualité en recherche[11], qui fournit des recommandations pour mettre en place une démarche qualité en recherche. Ce document peut aider les audités et les auditeurs.

11 FD X 50-550 (octobre 2001) : Démarche qualité en recherche – Principes généraux et recommandations

4

Effet « miroir »

22 *L'« effet miroir », c'est quoi ?*

L'« effet miroir » c'est ce que vous constatez tous les jours lorsque vous vous regardez dans un miroir. Tout d'abord il faut rappeler que la vision oculaire fonctionne si des photons (des grains de lumière) arrivent sur la cornée de votre œil au travers de la pupille. Ainsi pour observer un objet, ou tout simplement voir ce qui nous entoure, il faut :

- au moins **un œil** qui « voit », il est donc utile de ne pas être aveugle ! ;
- **un objet** ou la nature qui nous entoure ;
- de la lumière.

C'est la lumière qui frappe l'objet et réfléchit les photons, dont certains vont atteindre notre œil, qui permet la vision de cet objet.

Mais quelles conditions doivent être réunies pour voir son reflet dans un miroir ?

Aux trois conditions précédentes (œil, objet, lumière) s'ajoute celle de se mettre dans le **champ du miroir**, de se mettre en face ! Ceci va permettre aux photons (l'éclairage) de nous éclairer, certains des photons réfléchis vont aller vers le miroir et être réfléchis. Certains de ces photons vont revenir dans notre œil, et permettre ainsi de nous voir ! On voit bien ainsi que seuls quelques photons sont utilisés, et permettent néanmoins de nous voir !

Attention, nous observons une « image virtuelle », non palpable, qui plus est, inversée ! Par exemple, notre œil gauche se situe à la droite de l'image du visage renvoyée par le miroir. Le champ du miroir est aussi fonction de sa taille et de la distance à laquelle se trouve le sujet. Pour se voir en pied, il faut un grand miroir !

Le miroir peut aussi être de plus ou moins bonne qualité. La surface réfléchissante d'anciens miroirs peut s'être altérée, et la qualité de l'image réfléchie s'en ressent ! Lorsque l'on veut s'observer de façon caricaturale, on utilise un miroir déformant.

Nous utilisons, consciemment ou non, « l'effet miroir » pour conduire un audit !

23 *Comment peut-on présenter simplement l'« effet miroir » ?*

La figure 4 suivante présente schématiquement l' « effet miroir ».

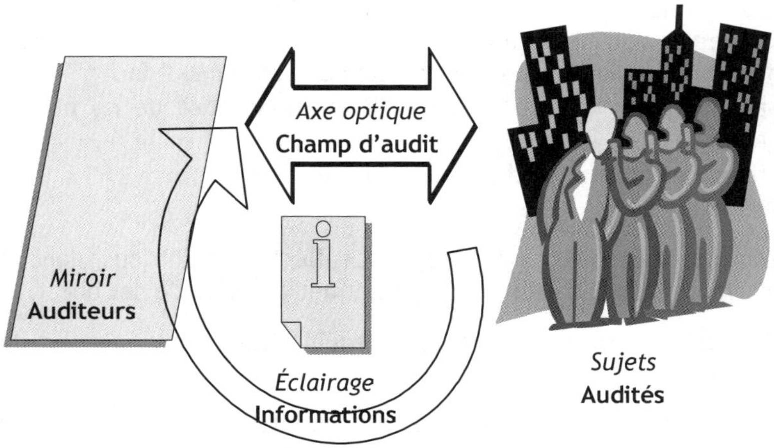

Figure 4 L'« effet miroir »

L'« effet miroir » nécessite **quatre conditions** :
- la volonté de se regarder ;
- de la lumière ;
- un miroir ;
- de mettre face à face le miroir et la personne concernée.

C'est trivial !... Encore faut-il le dire.

Le résultat dû à l'« effet miroir » est cependant potentiellement altéré !

Si on veut s'observer, se regarder, de la façon la plus réaliste possible, on choisira un bon éclairage , un bon miroir plan, approprié à la partie du corps que l'on souhaite refléter. Enfin, il faudra se placer en face !

Même si toutes ces conditions sont réunies, l'image est « virtuelle et inversée de gauche à droite», ce qui n'est pas important en soi, à condition de le savoir et d'y être préparé. En effet, ce qui est important est de savoir à quoi sert de se regarder, pour quelle finalité.

On peut être narcisse et se complaire devant son miroir...

On peut aussi penser à faire sa toilette matinale, s'habiller, pour tous les jours, ou pour une occasion particulière, voire une grande occasion.

En fait on se regarde bien souvent par respect pour les autres, mais aussi pour soi.

24 *Comment peut-on faire fonctionner l'« effet miroir » en audit ?*

Vous l'aurez compris, l'effet miroir est utilisé lors de l'audit, particulièrement lors de sa réalisation, mais aussi lors de la préparation. En effet, il faut préparer l'audité à se regarder avec les risques de voir ses imperfections...

Attention, ça peut faire mal, mais c'est aussi l'occasion de montrer ses bonnes pratiques, son savoir-faire. C'est une démarche qui peut être plus ou moins longue, en fonction du vécu de l'audité, de sa culture.

Les quatre conditions de fonctionnement de l'« effet miroir » se retrouvent dans l'audit :

- le sujet ;
- le miroir ;
- la lumière ;
- l'axe d'observation.

Si l'une quelconque de ces quatre conditions vient à manquer, ou est altérée, l'effet n'existe plus, ou est déformé : l'audit ne fonctionne plus !

25 *Qui fait le « miroir » ?*

L'équipe d'audit constitue le « miroir ». Ce miroir doit avoir des qualités requises en fonction de l'audit, des audités, des enjeux et risques associés.

Un bon miroir doit être suffisamment grand. L'équipe d'audit doit avoir le nombre et les compétences suffisantes par rapport au domaine à auditer.

Le miroir doit être plan et non déformant, suffisamment réfléchissant, et homogène. Traduisez : les auditeurs sont indépendants, n'ont pas d'à priori, l'équipe est homogène. Cette équipe comporte le **responsable d'audit**, personne reconnue et expérimentée, **un auditeur** éventuellement en cours de consolidation. A cette équipe, en cas de besoin, un « **expert technique** » est adjoint. Il est proposé par le responsable d'audit.

Parfois, un observateur complète l'équipe.

26 *Qui est le responsable d'audit ? L'auditeur ?*

Le responsable d'audit est un auditeur reconnu, soit de façon explicite, soit qui possède des compétences et une expérience suffisantes. De toute façon, c'est l'acteur qui possède le métier d'auditeur, qui a donc été formé, a pratiqué, et a l'envergure pour organiser un audit et piloter une équipe d'audit.

Il est garant de la remise du rapport d'audit.

Pour certains audits, en particulier pour les audits externes, il est préférable de faire appel à un responsable d'audit reconnu officiellement par le commanditaire. Certains organismes reconnaissent leurs compétences par une organisation interne qui permet d'apprécier les capacités de leurs auditeurs pratiquants. Ces organismes imposent même que seuls ces auditeurs reconnus puissent conduire des audits externes.

Pour les audits de certification, il faut impérativement des auditeurs reconnus par l'organisme certificateur. Par exemple, on les appelle des auditeurs AFAQ[12]/ICA[13], etc.

L'auditeur est lui aussi formé, il pratique depuis plus ou moins longtemps. Il peut même débuter après sa formation. Il fait partie de l'équipe d'audit, mais ne participe qu'à une ou plusieurs activités du processus d'audit, sous le contrôle du responsable d'audit.

12 AFAQ : Association française pour l'assurance qualité

13 ICA : Institut de certification des auditeurs

27 *Qui est l'expert ? L'observateur ?*

L'expert est une personne reconnue, de façon explicite ou non, sollicité lors de la préparation de l'audit, par l'équipe d'audit ou le responsable d'audit. C'est un technicien du domaine technique à auditer. Par exemple, si on décide d'auditer un organisme qui produit des fournitures alimentaires (du chocolat), lors d'un audit dit « d'application » ou « produit », on aura intérêt à compléter l'équipe des auditeurs, par « l'expert chocolat », habitué au processus de fabrication du chocolat et aux contraintes liées à la fabrication des aliments.

Il conviendra de bien **cadrer** l'intervention de l'expert au cours de l'audit.

L'observateur est une personne qui souhaite participer au processus d'audit. Sa participation est soumise à l'accord des parties prenantes de l'audit, en particulier les audités. Sa participation active à l'audit n'est pas prévue : il est observateur au sens strict, sauf dérogation.

28 *Comment constituer l'équipe d'audit ?*

L'équipe d'audit est constituée généralement par le responsable d'audit qui identifie l'auditeur avec qui il va effectuer l'audit. Ce premier couple examine l'opportunité de recourir ou non aux services d'un expert.

C'est aussi cette mini-équipe qui sera sollicitée ou non par un observateur, par exemple un représentant du client d'audit, ou un futur auditeur.

Les compétences d'auditeurs peuvent être complétées par des compétences relatives aux domaines des organismes audités. On choisira un auditeur qui connaît la conduite de projet pour effectuer un audit d'application des processus de conduite de projet, sur un projet donné.

Les compétences sont parfois complémentaires entre auditeurs. Des tandems d'auditeurs sont souvent plus efficaces qu'un seul auditeur à priori plus performant.

Maintenant, au sein d'un organisme de taille importante, un programme d'audits est monté, et les auditeurs internes sont identifiés, par exemple lors d'un « Forum auditeurs» qui permet d'affecter les meilleures ressources auditeurs en fonction des compétences et des sensibilités.

Quelquefois, c'est le commanditaire de l'audit qui formule ses souhaits, voire ses exigences, sur la composition de l'équipe d'audit.

29 *Un auditeur peut-il être réfuté ?*

Oui, un auditeur peut être réfuté par l'entité auditée. En effet, l'audité peut considérer que l'un des auditeurs n'est pas suffisamment indépendant, et/ou suffisamment reconnu.

L'audité va donc informer sa direction, prendre son avis et la faire réagir pour éviter qu'un auditeur ne vienne auditer sans avoir tout son potentiel déontologique opérationnel. Sinon, l'« effet miroir » serait altéré.

Il convient dans ce cas de réagir suffisamment à l'avance pour trouver une solution de rechange, qui ménage les délais prévus.

Le commanditaire de l'audit doit être informé de cette situation. Il lui appartient d'anticiper ce genre de situation pour l'éviter.

Pour le responsable d'audit qui constitue son équipe d'audit, il convient aussi de ne pas l'oublier. La recherche d'un auditeur de dernière minute peut s'avérer délicate.

Donc, l'indépendance, les compétences, la reconnaissance, de l'auditeur doivent être prises en compte à tous les stades du processus audit. Le risque de voir réfuter l'auditeur par l'entité auditée, qui souvent survient trop tardivement, va polluer le processus audit. Il faut l'éviter le plus tôt possible et anticiper cette situation.

30 *Quelles sont les consignes au sein de l'équipe d'audit ?*

Au sein de l'équipe d'audit, il convient de définir, oralement ou plus formellement, les rôles des différents participants à l'équipe d'audit. Cela peut être fait lors de l'élaboration du plan d'audit.

Une attention particulière doit être portée à l'expert technique, le risque étant qu'il s'engage trop et déborde du temps imparti... Ainsi il ne s'agirait plus d'un audit, mais plutôt d'une « expertise » qui négligerait les pistes d'amélioration potentielles, vues sous l'angle « organisationnel ». L'audit est aussi « pédagogique » vis-à-vis de l'expert.

31 *Qui est le sujet ?*

Le sujet, c'est l'organisme, ou une partie de cet organisme selon le champ de l'audit.

L'équipe d'audit rencontrera, bien sûr, la direction ou son représentant, les acteurs opérationnels, potentiellement les acteurs fonctionnels, les partenaires éventuels.

Le responsable d'audit, en liaison avec le correspondant de l'organisme, identifie les audités qui participeront à l'audit à l'étape de préparation. Il faudra les avertir suffisamment à l'avance.

La formalisation de la conduite de l'audit, et donc des personnes rencontrées, apparaît dans le plan d'audit, préparé par l'équipe d'audit et proposé aux audités, en particulier au moment de la préparation de l'audit.

32 *Qui est le représentant de la direction ?*

Communément, le représentant de la direction est une personne bien identifiée, dont les fonctions lui permettent de déployer un système de management.

Pour un système de management de la qualité, il s'agit bien souvent d'un assistant ou adjoint du chef de l'unité. Il s'agit en fait d'une personne qui participe au déploiement opérationnel du système au sein de l'organisme.

C'est la personne que le responsable d'audit devra contacter pour préparer l'audit.

A cette occasion, le responsable d'audit doit s'assurer de la réelle fonction du représentant de la direction, de sa capacité à déployer le système de management de façon efficace.

33 *Qui est le correspondant d'audit ?*

Nous l'avons vu précédemment, il s'agit généralement du représentant de la direction, souvent baptisé « ingénieur qualité », « correspondant qualité », voire « responsable qualité » (vocable qui peut prêter à interprétations !), qui est le contact privilégié du responsable d'audit.

C'est donc avec lui que le responsable d'audit prendra contact le plus tôt possible, pour préparer l'audit.

En revanche, la notification d'audit est faite à l'organisme concerné, par le commanditaire d'audit. Cette notification peut se faire une fois que la date ou les fourchettes de dates, et les auditeurs, sont prévus.

34 *Qui sont les autres acteurs audités de l'organisme ?*

Les autres acteurs rencontrés lors de l'audit sont, bien sûr, le directeur ou chef de l'unité concernée, les différentes entités qui participent aux processus susceptibles d'être examinés lors de l'audit, et donc les acteurs qui en font partie.

Par exemple, pour un audit système, il faudra rencontrer les acteurs des différentes unités de l'organisme, ainsi que les acteurs qui ont la responsabilité de la mise en œuvre des processus transverses. C'est le cas pour une structure croisée mise en place, par exemple, pour conduire des projets. Le plan d'audit sera préparé en conséquence, les acteurs concernés seront prévenus et devront être à disposition.

Souvent il faudra aussi situer l'unité auditée par rapport au système organisationnel d'ordre supérieur.

Ainsi, si on audite un service, il sera bon de rencontrer le représentant de la structure qui abrite ce service (par exemple, un département).

35 *Qui sont les partenaires de l'organisme ?*

Les partenaires de l'organisme sont les entités qui concourent avec l'unité concernée à la satisfaction des besoins.

Pour une unité qui exploite une installation, il peut s'agir d'un prestataire ou fournisseur de service, par exemple lié à la maintenance. L'équipe d'audit pourra ainsi, en demandant la présence du fournisseur, s'assurer du bon partenariat entre les entités, et de la formalisation des exigences.

36 *Dans l'audit, qu'est-ce que la lumière ? Comment la fait-on ?*

De la lumière jaillissent les idées !

La lumière, c'est ce qui est nécessaire à l'éclairage du sujet, et donc indispensable à l'équipe d'audit pour fabriquer l'image de l'organisation, qui sera le résultat final de l'audit.

En fait, la lumière c'est l'information qui va circuler entre les audités et les auditeurs. Les supports d'information ont aussi tout leur sens. On utilisera les documents de l'organisme, les normes et documents explicatifs et aussi, notamment lors de la préparation de l'audit, d'autres supports tels que conversations téléphoniques, fax, mels... en privilégiant ceux qui peuvent être partagés par tous les acteurs.

La communication orale sera réservée plutôt pour l'audit.

La lumière, il faut la faire, c'est bien sûr de l'information. Mais, attention, trop de lumière risque d'éblouir !

Pas assez ...il faudra mettre des coups de projecteur !

Ainsi on recueillera les documents des audités, porteurs d'éclairage de l'organisation mise en place. A l'inverse les auditeurs pourront aussi envoyer des messages, visant à éclairer l'audité, notamment lors de la préparation de l'audit, par exemple des documents de travail tels que des supports de communication (transparents, textes...).

37 *Quelle place les documents doivent-ils occuper dans l'information des parties prenantes ?*

Les documents sont une partie de l'éclairage apporté aux audités par les auditeurs. Leur avantage est de permettre de clarifier et de responsabiliser des acteurs au sein d'une organisation.

Souvent, ils contiennent des traces documentaires qui sont des preuves d'accomplissement d'une activité.

Dans le jargon qualité, on parle d'« enregistrements ».

Ces documents probatoires, demandés lors de l'audit, apporteront des preuves de la bonne mise en place du système de management.

Tout auditeur dûment formé doit exiger ces preuves lors de l'audit et identifier leurs références de façon univoque. Ces références seront mentionnées dans le rapport d'audit.

38 *Les documents transmis pour l'audit doivent-ils systématiquement être à jour ?*

Les documents mis à disposition de l'auditeur sont souvent en retard par rapport à la pratique en cours. Ce décalage est même parfois très important et il arrive que des pans entiers du système de management ne soient pas documentés.

Certains documents sont parfois tout à fait à jour et au dernier indice à une date très rapprochée de l'audit, mais l'auditeur ne les découvre que lors de l'audit, alors qu'il ne disposait jusque-là que d'une version antérieure.

Il y a donc de multiples possibilités. Pour l'auditeur, il convient d'en être conscient et de ne pas accorder trop d'importance aux documents transmis avant l'audit, mais plutôt de se faire une idée de leur « fraîcheur » documentaire.

L'audité peut envoyer une « tonne » de papiers, c'est une façon de noyer le poisson !

Cette façon de faire n'est profitable à personne. Il conviendra de s'en prémunir de part et d'autre en dialoguant.

La vision de l'audité est aussi bon enfant. Il veut bien faire, il envoie ce qui pourrait servir, alors que l'auditeur attend autre chose. Là encore le dialogue préparatoire doit clarifier les points de vue.

5

Champ d'audit

39 *Qu'est-ce que le champ d'audit ?*

Il s'agit d'une définition fondamentale. Le champ d'audit est le domaine négocié entre audités et auditeurs, compte tenu du contexte de l'organisme et des objectifs d'audit du commanditaire.

Il faut définir si l'audité souhaite voir dans le miroir uniquement le buste, ou se voir en pied. L'auditeur peut aussi conseiller l'audité de façon à ce que l'image produite lui soit la plus profitable.

En pied, on regarde d'un peu plus loin, un peu moins en détail ! En buste, on regarde de plus près. On pourra affiner des détails dans une relative vision d'ensemble. Enfin on peut se rapprocher encore plus et ne regarder que le visage. Là, certaines imperfections pourront être mieux vues !

Vous aurez compris que ce point fondamental mérite d'être bien défini entre les parties. C'est l'intitulé de l'audit qui va servir de fil conducteur tout au long de l'audit.

40 *Y a-t-il, au sein d'un organisme, des domaines à auditer différents ?*

Potentiellement il y a deux axes majeurs d'audits, que l'on peut représenter de façon orthogonale[14] :

- l'axe « horizontal client », qui est fondamental pour la satisfaction des clients et parties intéressées ; il concerne surtout les processus dits de « réalisation » ;
- l'axe « vertical managérial » qui est structurant pour l'organisme ; il concerne l'ensemble des processus de pilotage, de soutien, et aussi les processus de réalisation.

En fait on peut auditer tous les processus de l'organisme, le système de management de l'organisme, dans l'absolu, ou bien pour une application particulière, par exemple dans le cadre de la fourniture d'un produit (ou service), ou bien de la conduite d'un projet.

En fait chaque acteur d'un organisme doit pouvoir se situer, d'une part au sein du système de management, d'autre part, par rapport aux projets ou prestations relatifs aux clients et parties intéressées.

14 « On peut penser l'impensable, mais nos organisations sont verticales, nos clients sont horizontaux et refusent définitivement de se relever ». G Fisher (PDG Motorola), cité par F. Dupuy, sociologue, au forum annuel MFQ PACA 16/11/2000 à Toulon

41 *Est-on bien face au miroir ? Est-ce bien le champ d'audit ?*

Souvent, le besoin d'audit, exprimé par le commanditaire, peut contraindre les auditeurs dans un domaine imposé : l'objectif de l'audit. La liberté de manœuvre est ainsi à priori réduite. L'auditeur doit quand même vérifier que cette demande est réalisable et pertinente. Un ajustement reste toutefois possible.

D'autres fois, la demande est moins précise. Dans ce cas, l'auditeur a intérêt à mieux définir le champ d'audit et à tenir informé le commanditaire. Une négociation a tout lieu d'être, l'auditeur étant une force de proposition.

Dans tous les cas, le résultat doit être formalisé, c'est l'intitulé de l'audit. Il traduit en fait le résultat de la négociation entre les auditeurs et l'audité, et parfois le commanditaire, sur le choix du champ d'audit.

L'intitulé doit être clair. Il est en général formulé par une phrase.

Exemples :

- audit de la fourniture *y* dans le cadre du contrat z (audit produit) ;
- audit d'application du processus de réalisation du projet *XY* dans le cadre du système de management de l'organisme *W* (audit projet) ;
- audit du système de management de l'organisme *Y* (audit système de management) ;
- audit du processus achat (audit processus).

L'intitulé est très utile pour la poursuite du déroulement de l'audit. Il gagnera à être inscrit sur un tableau de façon à être rappelé tout au long de l'audit. Ainsi, tout nouveau participant à l'audit prend naturellement connaissance du champ d'audit, au cas où il n'aurait pas été tenu précédemment au courant.

6

Résultat… l’image !

42 *Qu'est-ce que l'image de l'audit ?*

L'image..., comme en photo, se fabrique !

L'audit est l' « effet miroir », mais attention, l'image renvoyée par le miroir à l'audité est fugace !

Il faut donc la figer, il faut prendre l'instantané.

Pour l'auditeur, l'instantané est le constat partagé sur l'organisation de l'audité, fixé sur un support pérenne et inaltérable. C'est la « photo ».

Avant de prendre la photo, il faut construire l'image. Tout au long de l'audit, auditeurs et audités vont construire cette image.

Chaque domaine exploré va donner lieu à des constats de bonnes pratiques (ce qui sera le beau de la future photo), et les domaines à améliorer (ce qui fait que la photo n'est pour l'instant pas tout à fait bonne !).

Chaque constat sera identifié par les auditeurs au fur et à mesure du déroulement de l'audit, et porté à la connaissance des audités, sans jugement de valeur.

Ce n'est qu'à la fin de l'audit que les auditeurs se retrouveront pour construire l'image globale, et proposeront aux audités les points capitalisables ainsi que les axes d'amélioration avec une gradation, par exemple en « non-conformités » et « remarques ».

L'image ainsi proposée en réunion de restitution va se stabiliser par la lecture, les commentaires et corrections éventuelles par les audités des points mentionnés. Il peut y avoir des discussions, pourvu qu'il y ait accord entre les parties. Cet accord est plus facile à obtenir quand chaque constat est factuel et ne prête pas à interprétation. Théoriquement, c'est uniquement ce type de situation qui devrait se produire à partir de critères d'audit partagés.

On va donc passer d'un état d'image un peu floue, à un état plus clair, mieux défini, bref c'est l'image finale, validée conjointement entre auditeurs et audités.

C'est cette image que devra présenter de façon fidèle le rapport d'audit. Il existe quelques « trucs » pour la fixer sur un support matériel dès la fin de l'audit, par exemple en prenant la photo du tableau de synthèse sur lequel on présente les points forts et les axes d'amélioration.

43 *Qu'est-ce qu'un rapport d'audit ?*

Un rapport d'audit contient des informations sur le contexte de l'audit, le type d'audit (d'évaluation, ou de suivi, ou de diagnostic...) et la nature de l'audit (d'application produit/projet, de système de management, de processus). A minima, les pistes d'amélioration font l'objet de fiches d'amélioration.

Généralement on retrouve sur la première page :

- Le champ de l'audit. Il est mentionné explicitement, par exemple : « Audit de l'application du processus de conduite du projet Acapulco dans le cadre du système de management de l'organisme Tartempion ».
- Les référentiels normatif (ISO...) et métier (bonnes pratiques).
- La date de l'audit, les auditeurs, les salariés rencontrés, leurs fonctions.
- Éventuellement, les pratiques capitalisables (en général, il est préférable d'extraire et de présenter seulement la plus importante).
- Les destinataires du rapport.

Le corps du rapport comprend au moins une page de synthèse qui propose en quelques phrases :

- le contexte ;
- les points capitalisables ;
- les points à améliorer ;
- les risques potentiels clients (et parties intéressées si il y a lieu) ;
- une conclusion

D'autres pages explicitent les items balayés lors de l'audit (en général, on suit la structure ISO 9000, complétée et ou modifiée par le référentiel métier de l'organisme). Une page de synthèse mentionne schématiquement les items et situe les points à améliorer notamment sous forme de liste, avec cases à cocher.

Une page mentionne l'ensemble des documents qui ont servi à la préparation ou en cours d'audit, avec leurs références.

Suivent les fiches d'amélioration, qui reprennent la formulation des écarts proposés dans le corps du rapport. A chaque écart est associée une fiche. L'auditeur ou le responsable d'audit peut apposer son visa et la date de formulation de l'écart.

Un rapport d'audit est fait pour être lu. Il doit être concis, factuel, peu épais.

Sa diffusion doit être précisée entre auditeurs et audités. Elle ne doit être faite qu'à ceux qui vont l'appliquer. On veillera donc à une diffusion maîtrisée et limitée.

La préparation du rapport d'audit est faite entre auditeurs. Une lecture par les audités au stade du projet de rédaction est possible, c'est une question à prévoir d'avance que nous préconisons.

Il appartient au responsable d'audit de viser le rapport final et de le faire diffuser le plus rapidement possible. Un rapport devrait sortir moins de quinze jours après l'audit.

Certains organismes préconisent la diffusion du rapport d'audit aux audités par le commanditaire. Ainsi le responsable d'audit ne diffuse le rapport d'audit qu'au commanditaire ; il peut lui suggérer une formulation de lettre d'envoi.

7

Du bon usage des documents

44 *Qu'est-ce qu'un document ?*

Selon les dernières pratiques évoquées dans les normes, un document est à la fois le support qui contient l'information et l'information elle-même. Ainsi, un document papier, c'est du papier destiné à servir de support pour présenter l'information, et la faire circuler.

Il existe différents types de support à l'information. On peut citer aussi les films, les photos, les plans, les supports informatiques et fichiers associés, etc.

Cependant, cette notion est plus généralement associée aux documents papiers. À l'extrême, on ne considérera pas comme « document » un support tel que l'obélisque de la Place de la Concorde, qui contient pourtant bien de l'information, les hiéroglyphes, et dont le support est du granit. Le caractère de transmission de l'information existe, puisque l'obélisque nous est parvenu maintenant depuis quelques centaines d'années. Il n'est quand même pas très facile à transporter !

Un document possède des caractères de portabilité, de pérennité, reconnus. C'est l'utilisation par tous qui valide la facilité d'emploi du support.

De plus en plus, l'information est numérisée, qu'il s'agisse de fichiers textes ou de fichiers images. Ainsi le document est à la fois le fichier et le support qui permet de lire ce fichier, à condition toutefois que l'on puisse garantir une compatibilité ou une pérennité des systèmes de lecture, au cours de l'évolution des technologies.

Un document peut contenir toutes sortes d'informations, dont seul l'état, c'est-à-dire l'« étiquette », peut caractériser son emploi potentiel. Ainsi certains documents sont caractérisés par une typologie, les documents de type normatifs, les documents juridiques, scientifiques et techniques, les documents publicitaires, les documents médiatiques...

Parfois un document est simplement caractérisé par le nom de son auteur. Le « Larousse » représente dans l'esprit français, tout au moins pour certains encore, le fameux « dictionnaire ». Une formule scientifique peut être reconnue aussi par le nom de son auteur.

45 *Qu'est-ce qu'une norme ? un référentiel ?*

Une norme est un document qui contient de l'information reconnue par une communauté de points de vue. Elle peut être internationale, européenne, française, sectorielle.

L'information contenue dans une norme a généralement fait l'objet d'un processus d'élaboration, de validation, de diffusion, long et complexe. Ce document contient, pour un domaine donné, le plus petit commun multiple point de vue des participants à son élaboration. Il est le reflet des pratiques qu'une communauté d'acteurs est capable de mettre en œuvre, en fonction de la maturité des idées qui ont présidé au déclenchement de son élaboration.

En fait, une norme contient des richesses partagées.

Ainsi les normes ISO 9000 (version 2000) ont sans doute été revues, par rapport à celles de 1994, compte tenu de la poussée de la démarche des normes ISO 14000 sur l'environnement parues en 1996. Ainsi, les normes ISO 9000 (1994) se trouvaient en retard !

Maintenant, ce sont les normes ISO 9000 (version 2000) qui sont plus avancées grâce au management par les processus.

Une norme a donc aussi un cycle de vie !

Il en est de même pour les langues. Le Français est une langue vivante qui reconnaît une communauté de pratiques. C'est aussi une forme de « norme » qui sait évoluer.

La norme ISO 19011, qui concerne les audits, est sortie fin 2002.

Aux normes, il convient d'associer des documents de type normatif, et de référence. Que trouve-t-on en fait ?

Tout d'abord les fascicules de documentation : les « FD » d'AFNOR éclairent souvent les normes, mais qui sont plutôt des lignes directrices d'aide aux acteurs de terrain. Dans le domaine de la conduite des projets, on peut citer le FD X 50-410 relatif à la spécification de management, qui est un recueil de recommandations pour aider à la négociation entre, par exemple, un maître d'ouvrage et un organisme, et ses fournisseurs associés.

Aux documents de type normatif s'ajoutent également des documents sectoriels, relatifs à des bonnes pratiques métier. Il s'agit de codes, de référentiels, élaborés par exemple au sein de secteurs tels que l'aéronautique, le nucléaire, la santé... Ces bonnes pratiques sont souvent baptisées « référentiel métier ». Pour la conduite des projets, c'est aussi le cas.

Par exemple, un « référentiel pour la conduite des projets » contiendra des éléments sur :
- la maîtrise des performances ;
- la maîtrise des délais ;
- la maîtrise des coûts ;
- la maîtrise des risques ;
- la conduite des revues de projets ;
- la remontée des informations aux décideurs ;
- etc.

Ces documents pourront servir ultérieurement de base à la rédaction de futurs fascicules de documentation.

C'est le cas par exemple de la recommandation générale pour la spécification de management de programme selon RG Aéro 000 40 A avril 1999 (BNAE) qui a été reprise par la normalisation française dans le FD X 50-410 (Nov 1999).

Enfin, il existe des documents en cours de gestation, élaborés par de petits groupes d'acteurs, souvent en région. Ainsi, AFNOR impulse des documents relatifs aux systèmes de management intégré baptisés « accords ».

On a donc une typologie documentaire, ou plutôt une hiérarchie documentaire, tous documents confondus, à l'échelle d'un pays.

Cette hiérarchie est différente de la pyramide documentaire habituellement rencontrée dans les systèmes de management d'entreprise, qui comprennent les documents exigés par les normes, et qui se déclinent dans le système.

46 *Comment situer les différents documents entre eux au sein d'un organisme ?*

Au sein d'un organisme, la structuration des différents documents relatifs au système de management est généralement représentée sur une pyramide documentaire. Nous en proposons une dans la figure 5 ci-après, qui est indicative.

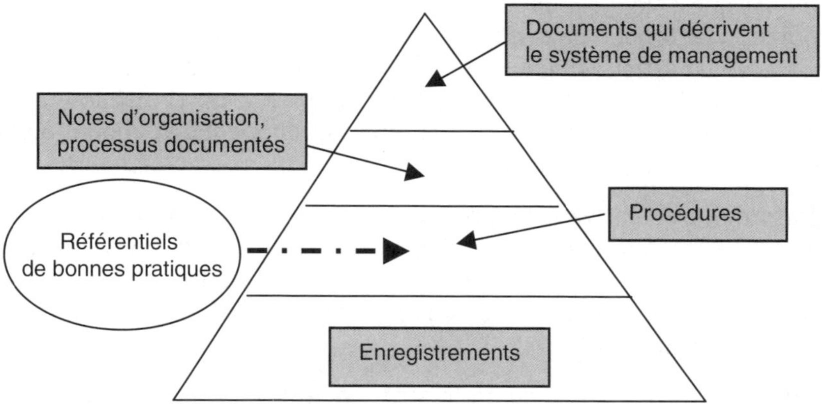

Figure 5 Pyramide documentaire au sein d'un organisme.

Les zones grisées sont auditables.

47 *Faut-il manager l'information ?*

L'information, si elle n'est pas gérée, constitue une perte importante de savoir-faire, d'échange dans la communication indispensable au bon management des processus.

Au sein de l'organisme, l'information est en général transmise par différents circuits et processus.

Pour les processus de réalisation, de produits, de projets, d'actions thématiques, la gestion documentaire est généralement mise en œuvre. C'est pour cela que les normes ISO 9000 version 2000 ont conservé un article 4 lié à la description du système de management, à la gestion documentaire, au traitement des écarts, et aux audits (la norme prévoit 6 procédures **documentées**), qui peut s'appliquer aussi aux processus support et de pilotage.

L'information relative à des produits complexes ou de grands projets[15] nécessite de traiter un volume important de documents, validés (par un visa), dont la récence est apparente (indice et date), et dont l'état est tenu à jour via une liste de documents applicables (LDA), ou catalogue méthodique(CM).

Pour les grands projets, on parle aussi de gestion de configuration.

Il en est de même pour le système de management.

Certains organismes, qui ont compris le rôle stratégique du management de l'information, s'appuient sur un système de gestion électronique de l'information des documents d'entreprise (GEIDE).

L'auditeur aura à cœur d'apprécier le système de management de l'information de l'organisme, processus support par excellence.

Ce système est au cœur des processus de l'organisme, puisqu'il participe à leur vie, vis-à-vis des données d'entrées et des données de sortie.

15 « Un intranet pour aider au pilotage d'un projet d'installation », J.-P. Madoz, J.-L. Plantier, M. Rommens... actes des conférences SISQUAL 2002.

8

Objectifs des audits

48 *Qu'apporte l'audit ?*

Nous avons tous besoin d'avoir confiance…

L'audit permet au commanditaire, qui exprime un besoin d'audit, d'augmenter sa confiance envers un organisme. L'audit donne un éclairage et lui permet, en fonction de ses préoccupations, d'engager des actions d'améliorations.

Pour une recherche de fournisseur, qui consiste donc à évaluer avant contractualisation s'il sera apte à fournir de bonnes prestations, le commanditaire fait réaliser un « audit d'évaluation ». Il s'agira d'un « audit d'évaluation de système de management ». Le rapport d'audit lui montrera le niveau de maturité de la structuration de l'organisme, les points à améliorer. Dans ce cas il pourra renseigner utilement les personnes qui participent à la sélection des fournisseurs. Il est clair que si le fournisseur est déjà certifié, ce type d'audit présente peu d'intérêt.

Si la contractualisation a déjà eu lieu, il conviendra de s'intéresser au bon déroulement de la prestation ou du projet. Dans ce cas, un « audit d'application de produit/projet » sera réalisé à une période appropriée, pour que les éventuelles actions d'amélioration soient mises en oeuvre utilement. Pour un projet, on pourra se focaliser sur les domaines qui, à priori, semblent perfectibles. Outre les performances, l'étude portera plus précisément sur l'analyse des risques du projet, la maîtrise des coûts et des délais. L'audit portera également sur l'application du plan de management du projet donné, au sein du système de management de l'organisme.

Pour l'audité, l'audit est une occasion de se regarder et donc de voir ses imperfections. A partir du moment ou l'audité accepte le principe de l'audit, il engage des actions préparatoires qui sont stimulantes, et mieux reconnues que si l'audit n'avait pas eu lieu.

L'audité peut aussi ressentir le besoin de se regarder pour mieux répondre au besoin d'un client, ou bien pour améliorer son propre système de management de façon permanente. Dans ce cas, il s'agira d'un « audit interne ». C'est cette voie qui est fortement préconisée par les dernières normes ISO, et même imposée pour un processus de certification. L'« audit interne » est sans doute l'avenir de l'audit pour les organismes qui choisissent l'amélioration permanente.

Les actions d'amélioration, tout comme les actions capitalisables, seront aussi mieux identifiées, puisque formulées par un tiers indépendant, et donneront potentiellement lieu à des actions concrètes ainsi mieux reconnues.

Que ce soit pour un audit « d'évaluation système de management», ou un audit « d'application produit /projet » commandité par un tiers, externe ou non, l'audit est un coup de fouet. C'est un instant privilégié comparable à une photo : c'est l'arrêt sur image, on voit les bonnes choses mais aussi les moins bonnes.

Pour les auditeurs, l'audit est une occasion de progresser, en se confrontant à d'autres façons de faire. Mais c'est aussi une occasion pour échanger entre auditeurs, et de mettre en œuvre une forme de compagnonnage.

Il saisira l'occasion pour faire comprendre à tout ou partie de l'organisme ce que sont une démarche qualité, la conduite de projet, et pour apporter des éléments pédagogiques potentiellement détectés par le commanditaire.

Pour schématiser, l'audit est un instant privilégié, plus ou moins solennel, pour faire progresser les audités, le commanditaire, les auditeurs, et accroître ainsi la confiance mutuelle avec les parties intéressées.

49 *Quels bénéfices secondaires l'audit peut-il apporter ?*

Bien souvent les organismes mettent en avant leur « offre », leur savoir-faire, sous l'angle technique, de service, ou scientifique.

Depuis maintenant quelques années, est apparue la nécessité de mettre en valeur son organisation. C'est notamment vrai via le processus de certification.

En dehors de ce processus mis en œuvre par de nombreux organismes, il est bon de « montrer » son organisation. L'audit est l'outil de base qui permet d'évaluer un système. Même sans être certifié, un organisme peut avoir de bonnes pratiques de management. Encore faut-il le montrer.

L'audit est aussi l'occasion de détecter les bonnes pratiques, qu'elles soient techniques ou organisationnelles[16], notamment au sein des grands organismes qui, vu leur taille, ne connaissent pas toujours tous les trésors qu'ils recèlent.

Ainsi, lors d'un audit relatif à la conduite d'un projet de recherche, au sein d'une unité, elle-même au sein d'un pôle d'un grand organisme, les auditeurs ont relevé une bonne pratique pour la gestion des ressources.

Il paraissait manifeste que cette organisation pouvait rendre service à d'autres unités, moins matures dans le domaine.

L'audit a permis de déclencher la prise de conscience qu'une bonne pratique est capitalisable et transférable à d'autres unités.

16 La détection des pratiques fait l'objet parfois de capitalisation des connaissances, ou « knowledge management ».

50 *L'évolution des normes a-t-elle entraîné de nouvelles pratiques d'audit ?*

L'évolution des ISO 9000 (version 2000) et la parution des normes ISO 14000, qui préconisent l'amélioration permanente, ont fait progresser l'audit. On assiste déjà un peu à une transformation des audits qui va aller en se confirmant.

Il y a encore peu, l'audit pouvait être initié comme une sanction. Un fournisseur, interne ou externe, dont les prestations paraissaient médiocres au client, ou bien qui ne lui revenait pas... pouvait se voir « flanquer » d'un audit !

Cet audit s'apparentait vraiment à une sanction, plongeant l'audité dans un complet désarroi devant le risque de ne pas conserver les contrats prévus, et provoquant la panique.

On imagine l'accueil des auditeurs dans une telle situation, quand bien même ils n'ont pas été réfutés ! Que dire de la conduite de l'audit quand tout le monde est sur la défensive ? Les pistes d'améliorations restent masquées, ou ne sont pas reconnues lorsqu'elles ont été détectées.

Passons sur la réunion de restitution !

Hier encore, la démarche qualité de certains organismes se bornait à effectuer des audits chez les autres ! Cette vision réductrice ne permettait pas à certains donneurs d'ordres de se donner les moyens de progresser eux-mêmes. On regardait la paille dans l'œil du voisin, sans voir la poutre que l'on avait soi-même.

Désormais, l'audit interne est fortement encouragé. L'étape d'expression de besoin d'audit est favorisée à différents niveaux de l'organisation. Elle permet ainsi de mieux atteindre la base de l'organisme. Le risque diminue pour les salariés de voir arriver l'audit au dernier moment, du moins peut-on le souhaiter. Ainsi, l'effet d'annonce a son importance. Cette annonce complète une politique affichée par ailleurs par la direction.

La programmation des audits a aussi tout son intérêt. Avant la parution des dernières normes ISO 9000 (version 2000), un grand organisme a focalisé sa pratique d'audit sur le processus de sécurité. Sans mettre en cause cette démarche, des pans entiers d'activité, qui sont l'essence même de l'organisme, n'ont pas fait l'objet d'audit malgré un affichage affirmé de management de la qualité !

L'histoire confirmera sans doute que les audits sécurité avaient bien lieu d'être. Maintenant, certaines prises de conscience laissent envisager une évolution, d'autres domaines sont en train de venir sous l'éclairage !

Les nouvelles pratiques de l'audit sont en train d'avancer[17].

La norme NF EN ISO 19001 précise les lignes directrices pour l'audit[18] de système de management qualité et environnemental, notamment la programmation et la réalisation des audits, la compétence et l'évaluation des auditeurs, l'impact sur le processus d'amélioration permanente de l'organisme.

17 *La Nouvelle Pratique de l'audit interne*, Krebs, Mougin, éditions AFNOR, 2003.

18 NF EN ISO 19001 (décembre 2002) : Lignes directrices pour l'audit des systèmes de management de la qualité et/ou de management environnemental

9

Processus audit

51 *Qu'est-ce que le processus d'audit ?*

Le processus audit dans un organisme est caractérisé par des données d'entrée, issues d'une réflexion qui peut se faire à différents niveaux.

Par exemple, au niveau de l'organisme entier, qui s'est fixé une politique qualité, la direction peut décider de lancer une campagne d'audits.

Par ailleurs, au sein de l'organisme, pour des projets particuliers, on peut identifier des besoins d'audits au niveau des chefs de projets.

Les données de sortie sont, d'une part, les rapports d'audits et, d'autre part, le suivi des améliorations engagées, soit pour chaque audit, soit pour le programme d'audits.

Ainsi les données de sortie ne se limitent pas aux seuls rapports d'audits, mais s'étendent aux actions d'amélioration, au niveau des projets, et aussi pour l'ensemble de l'organisme.

Le processus d'audit peut être décrit schématiquement selon le PDCA de Deming.

- La planification (*Plan*) est généralement enclenchée lors de l'expression des besoins d'audit, et de la construction du programme d'audits.
- La réalisation (*Do*) est surtout du ressort :
  - des décideurs pour la validation du programme, l'affectation des ressources en auditeurs, et/ou moyens de formation à l'audit ;
  - des auditeurs pour la réalisation de chaque audit.

La mesure (*Check*) est l'action qui consiste à évaluer l'efficacité de chaque audit.

L'amélioration (*Act*) consiste à évaluer si l'ensemble des audits est pertinent, et donc si le programme d'audits est efficace. Si des bonnes pratiques ont été détectées, il faut aussi en faire profiter l'ensemble de l'organisme.

52 *Doit-on piloter le processus audit ?*

La norme ISO 9001 (version 2000) prévoit à l'article 8.2.2 Amélioration : « Un programme d'audit doit être planifié en tenant compte de l'état et de l'importance des processus et des domaines à auditer. »

La figure 6 présente le processus audit et le management associé issus notamment de la norme ISO 19011. Il s'agit d'une cartographie indicative, selon le PDCA de Deming. Ce schéma fait apparaître des processus de pilotage, de réalisation, et de support au sein d'un organisme.

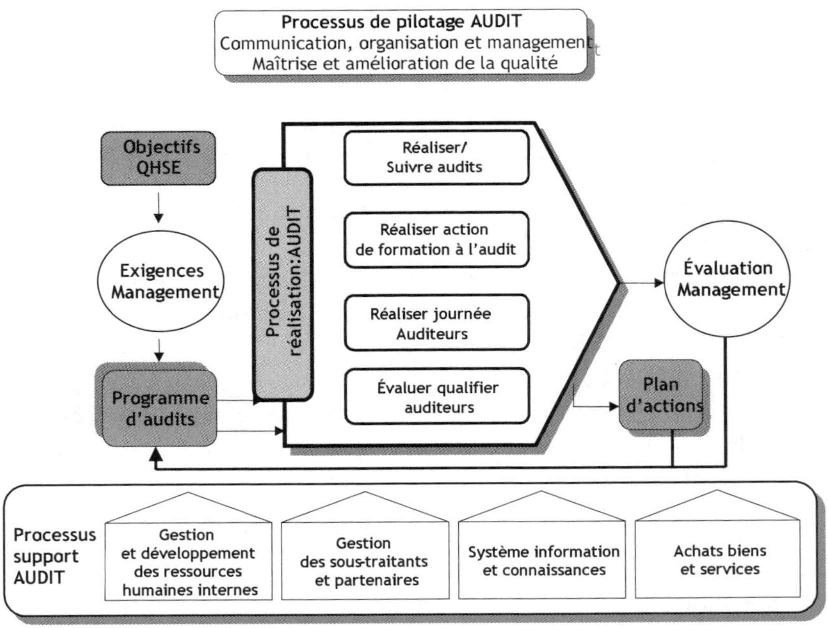

Figure 6 Processus audit et management associé issu de la norme ISO 19011 complété selon le PDCA de Deming

10

Plan (prévoir)

53 *La planification des audits présente-t-elle des particularités ? Lesquelles ?*

Il est fortement conseillé à un organisme de bien se poser la question des besoins d'audits en fonction soit de la structuration « verticale » de l'organisme (en gros quels sont les audits qui vont aider l'organisme à mieux structurer son système de management), soit de façon « horizontale », par exemple, pour satisfaire les besoins par une démarche projet.

Il y a donc au moins deux niveaux d'expression de besoins d'audits qui apparaissent à l'étape de la planification.

Au niveau d'un organisme, il faut bâtir un programme cohérent d'audits entre les besoins « verticaux » et « horizontaux ».

C'est une difficulté de la démarche. L'organisme doit donc générer, ou déclencher, généralement en fin d'année, le processus d'expression des besoins, pour ensuite le *remonter* sous forme de plan validé.

Bien sûr, il convient d'avoir les ressources pour conduire ces audits. Des arbitrages sont souvent nécessaires en fonction du corps des auditeurs disponibles en interne, ou des ressources financières pour les faire réaliser en externe.

Certains organismes organisent des forums d'audits, où les auditeurs, en fonction de leurs capacités et disponibilités, se proposent pour en réaliser certains. Le programme est ainsi pourvu en tout ou partie.

Compte tenu de la spécificité ou des enjeux de certaines activités des organismes, il convient d'avoir en interne des auditeurs issus des métiers de fond de l'organisme.

Il faut donc décider au niveau de la direction de lancer et entretenir une action de formation à l'audit.

A défaut d'auditeurs disponibles en interne, la direction peut décider de faire appel à des auditeurs d'un organisme externe, mais capables de s'adapter au contexte.

54 *A quoi sert un programme d'audit ? A quelle phase du projet l'audit doit-il être prévu ?*

Le programme d'audits sert à la fois à mieux structurer l'organisme, et aussi à mieux répondre aux besoins des projets, tout au moins les plus sensibles.

Pour la structuration de l'organisme, il conviendra de réfléchir de façon pluri-annuelle, car les démarches de structuration sont parfois longues. Il faudra réfléchir à un **plan stratégique d'audits**, qui se déclinera annuellement dans le programme. A notre connaissance, ce type de démarche n'est pas souvent enclenché.

Pour les projets, certaines phases sont plus critiques que d'autres, et la portée des audits n'est pas du même ordre.

Ainsi, des audits peuvent être déclenchés dans une phase de faisabilité du projet. Dans la mesure où certains de ces acteurs participeront à une autre phase, une action pédagogique peut être menée envers eux, qui leur permettra de mieux vivre les phases suivantes. Ainsi certaines exigences réglementaires peuvent être découvertes à cette occasion.

Dans une phase d'études, il faudra veiller à répondre aux besoins fonctionnels (cahier des charges fonctionnel ou CdCF), avec les solutions les plus pertinentes. Des choix parmi les solutions devront encore être possibles. Il faudra s'assurer que la spécification technique de besoin (STB) concourt dans ses différentes versions à une meilleure définition du projet.

On pourra aussi auditer l'application de la spécification de management du client chez le fournisseur, ou se faire auditer en interne sur le plan de management du projet.

Dans la phase de réalisation, outre les études de réalisation, des audits des fournisseurs, ou audits produits seront également nécessaires.

Compte tenu de l'évolution des normes ISO 9000, on peut espérer que les fournisseurs seront aussi aptes à manager leurs audits internes. Ceci pourra donner lieu à un allégement des programmes d'audits vers les fournisseurs, ce qui restera néanmoins à vérifier.

55 *Combien ça coûte ?*

La réalisation d'un audit n'est pas anodine ! Elle nécessite des ressources humaines et du temps.

La question se pose au moins à deux niveaux :
– le commanditaire,
– l'organisme qui paie les auditeurs.

L'audité, s'il ne débourse pas d'argent, mobilise tout ou partie de son personnel, notamment pendant l'audit.

Le commanditaire finance directement l'audit s'il fait appel à des auditeurs externes, ou indirectement s'il fait appel à des auditeurs internes.

Un audit « moyen » mobilise un auditeur pendant 1 à 2 jours pour la préparation, 1 ou 2 jours d'audit, et un jour pour le compte rendu.

Donc un audit « moyen » mobilise un auditeur pendant 3 à 5 jours.

Un audit se fait rarement avec un seul auditeur ; pour deux auditeurs, il convient de multiplier cette durée par un facteur voisin de 1,5 (effet de synergie : à deux, on fait plus de travail que deux personnes isolées). A la mobilisation des auditeurs, il convient d'ajouter les frais éventuels de transport et de missions.

Pour l'organisme qui paie les auditeurs, l'audit constitue une indisponibilité du salarié concerné. Cette activité est reconnue, soit explicitement (c'est le cas de certains auditeurs reconnus : AFAQ, ICA, ou en interne), soit implicitement, notamment pour des audits internes.

Finalement l'audité est le premier bénéficiaire de l'audit : il ne débourse pas directement d'argent, même si certains constats sont difficiles à avaler et risquent de prendre du temps pour être soldés.

En revanche, un audit de certification (évaluation initiale) est entièrement à la charge de celui qui veut être certifié, pour un montant d'environ 5000 euros (pour un petit organisme), ce qui ne constitue qu'une partie du coût total du processus de certification.

56 *Comment le responsable d'audit doit-il planifier son audit ? En particulier pour les projets ?*

La planification d'un audit, compte tenu des prévisions du programme d'audit, revient au responsable d'audit. Il a pour charge de planifier le bon déroulement de l'audit de façon opérationnelle.

Il doit prendre contact avec l'audité pour convenir des dates possibles, et commencer à rassembler de la documentation.

Un audit réalisé trop tôt ou trop tard présente peu d'intérêt.

C'est donc au responsable d'audit d'apprécier la maturité du système de management de l'organisme, ou du projet à auditer.

Il doit composer son équipe d'auditeurs, évaluer si il y aura besoin d'un expert.

La date prévue de l'audit est notifiée formellement à l'audité, comme convenu entre auditeurs et audités, par courrier classique ou par courrier électronique.

Le responsable d'audit prépare, avec l'équipe d'audit, le plan d'audit.

Une réunion préparatoire est souvent nécessaire. Elle peut être conduite directement ou par téléconférence.

Cette réunion est, pour l'auditeur, une façon de faire prendre confiance à l'audité, ou tout au moins de dissiper ses doutes et ses peurs.

L'audité, quant à lui, peut se saisir de l'occasion que représente l'étape de planification pour reculer la date d'audit. Cette possibilité peut être préjudiciable pour les actions d'amélioration potentielles. Le responsable d'audit ne doit pas être dupe ! Il peut aussi y détecter un manque d'engagement de la direction de l'audité.

Il convient aussi de bien délimiter le champ d'audit.

La fin de la préparation se traduit par la diffusion à l'audité d'un document qui précise notamment le plan d'audit.

Un support d'audit permet :
- de rassurer l'audité ;
- de proposer l'intitulé de l'audit, par exemple : « audit d'application du processus de conduite du projet XY, pour la phase Z, au sein du système de management de l'organisme W » ;
- de préciser le plan d'audit.

Pour les projets, il conviendra d'identifier dans le plan d'audit, non seulement ce qui touche aux performances, coûts, délais, risques, mais aussi les processus de communication, d'achat, ou certaines particularités, telles que le soutien logistique, la structuration, l'organigramme des tâches, etc.

On utilisera à l'occasion les documents de type normatifs[19] ou fascicules de documentation AFNOR[20] et/ou référentiels de l'organisme.

19 Projet ISO/DIS 10006 : Systèmes de management de la qualité – Lignes directrices pour le management de la qualité des projets

20 FD X 50 410 : Recommandation générale pour la spécification de management de programme

57 *En audit de projet, comment prendre en compte un groupement d'entreprises ?*

Parfois la maîtrise d'œuvre d'un projet est confiée à un « groupement » d'entreprises. Ceci est dû au fait qu'il convient de rassembler des compétences complémentaires indispensables, ou identifiées par un choix de montage industriel.

Dans ce cas, on risque de rencontrer des organismes de cultures différentes, dont le degré de maturité de chaque système de management est aussi très différent.

Le « groupement », par principe, n'est pas certifié !

Les prérequis pour conduire l'audit « groupement » concernent notamment l'examen des documents « groupement » : conventions, plan de management, qui doivent être établis à cette occasion.

Pour la conduite de l'audit concernant les « processus projet mis en œuvre par le groupement », les risques du projet, vus par la maîtrise d'ouvrage, doivent être établis si possible avant l'audit.

C'est une difficulté supplémentaire qui peut faire l'objet d'une réunion préparatoire à l'audit, effectuée au plus tard la veille de l'audit.

Il est clair que les interfaces, donc les interactions entre processus, sont potentiellement sources de risques pour le projet. Les auditeurs devront prendre le temps de les examiner.

58 *Comment apprécier à priori le degré de maturité du système de management de l'organisme, du projet ?*

Pour le responsable d'audit, il convient de se faire une idée du degré de maturité du système de management de l'organisme afin d'apprécier la date prévisionnelle de l'audit.

Chaque auditeur peut se fabriquer son échelle de maturité.

Sans vouloir faire référence à des modèles de maturité[21], qui commencent à apparaître, notamment en conduite de projet, de processus[22], on peut imaginer une échelle de maturité des systèmes :
- le système est surtout oral, quelques règles sont écrites ;
- l'organisme ne connaît pas l'existence de la démarche qualité, environnementale, encore moins de QSE[23] ;
- l'organisme en a entendu parler ;
- l'organisme décide de se structurer, une politique est envisagée ;
- l'organisme a identifié des acteurs pouvant participer au déploiement du système de management ;
- des revues de direction relatives au déploiement du système de management existent, une politique est affichée,
- le déploiement du système de management avance, les processus sont en cours d'identification ;
- des audits internes sont programmés ;
- l'organisme identifie des actions d'amélioration, notamment stratégiques ;
- un projet de certification est lancé, les ressources et la planification sont identifiées ;
- le projet de certification avance, des indicateurs existent ;
- l'audit interne a eu lieu avant l'audit de certification ;

---

21 Les modèles de maturité en management de projet – Actes des conférences SISQUAL 2002

22 FD X 50-176 : Management de la qualité – Management des processus

23 QSE Qualité Sécurité Environnement

- l'audit de certification est réalisé ;
- l'organisme est certifié ;
- l'organisme s'oriente vers un autre modèle QSE, EFQM[24] ;
- etc.

Conduire un projet, c'est appliquer un processus de réalisation. Ce cas de figure nécessite une autre échelle de maturité (celle-ci est totalement indicative) :

1 Le management du projet est-il décrit ?

2 S'appuie-t-il sur des bonnes pratiques ?

3 Y a-t-il une spécification de management ?

4 Le processus est-il consolidé ?

5 Les risques projet sont-ils gérés ?

6 La maîtrise des coûts, des délais est-elle effective ?

7 Le reporting est-il effectif ?

8 Existe-t-il des revues de projet ?

9 Le système d'information est-il efficace ?

10 L'organisme est-il structuré pour faire du management **par** projet ?

11 L'organisme est-il reconnu ?

etc.

24 EFQM : European Foundation for Quality Management

59 *Qu'est-ce que le plan d'audit ?*

Le plan d'audit décrit de manière indicative, mais explicite, la façon dont l'audit va se dérouler. Généralement, il comporte :

- l'intitulé de l'audit (qui délimite le champ d'audit) négocié entre les parties ;
- un rappel du processus audit présenté dans la réunion d'enclenchement (à la charge du responsable d'audit) ;
- une présentation par l'organisme (directeur, représentant de la direction, chef de projet) de l'état du système de management, de la politique qualité, de la conduite des projets ;
- une présentation par l'audité plus précise, soit du système de management, soit de la prestation, soit de la conduite du projet concerné ;

Le plan d'audit prévoit ensuite la présentation du déroulement de l'audit par rapport aux articles de l'ISO 9000 (2000) (Durée 20 à 30 minutes), à la charge du responsable d'audit.

L'audit débute ensuite par les items prévus selon ISO 9000, et le référentiel de l'audité.

Le responsable prévoit le minutage de l'examen de chaque item, les intervenants à auditer.

Une pause intermédiaire doit impérativement être prévue par matinée et ou après midi. La durée est généralement de 15 minutes. Cette pause est bénéfique pour tous, mais aussi pour le climat, l'ambiance.

L'audit reprend après la pause, selon un horaire précis, jusqu'à la pause repas. Cette pose doit aussi être minutée.

De la même façon, l'audit est repris puis enfin arrêté de façon à permettre une réunion entre auditeurs, qui vont ainsi préparer la restitution aux auditeurs (30 minutes).

La restitution en général ne dure que 30 à 45 minutes (par journée d'audit terrain).

11

Précautions

60 *Comment l'auditeur doit-il appréhender les documents ? Faut-il un questionnaire ?... un guide ?*

Ce n'est pas en relisant à fond, la veille de l'audit, tous les documents fournis par l'audité, que l'auditeur peut se faire une opinion fondée de l'état du système de management de l'organisme ou du projet.

Mieux vaut survoler l'ensemble des documents, les situer les uns par rapport aux autres. L'expérience du responsable d'audit est indispensable dans cette phase. Il doit conseiller les autres membres de l'équipe.

Pour les audités, l'état documentaire fourni aux auditeurs est forcément incomplet, puisqu'il n'est pas possible de rassembler, à priori, tout ce sur quoi va porter l'audit ! Il est donc préférable d'attendre l'audit et, surtout, de ne pas créer pour l'occasion des documents de dernière minute !

De nombreux auditeurs utilisent un questionnaire que réclament parfois certains audités pour se préparer à l'audit. Certains audits programmés à un haut niveau de l'organisme font même obligation d'utiliser un questionnaire préétabli.

Les opinions à ce sujet sont vraiment partagées.

Certains auditeurs se contentent du plan d'audit, et du plan du futur rapport d'audit, pour ne pas oublier certains items. Dans ce cas, ils n'utilisent pas de questionnaire, et font appel à leur savoir-faire pour poser les questions. Certains auditeurs connaissent même par cœur les exigences normatives. Attention, l'audité, qui ne se trouve pas dans le même cas, peut s'en trouver embarrassé.

Parfois, le questionnaire présente aussi des inconvénients. Très long, il neutralise le métier d'auditeur, qui se trouve « enfermé » dans une litanie de questions. Dans ce cas, une autoévaluation dont le questionnaire serait envoyé à l'audité ferait aussi bien l'affaire.

Sans s'appesantir sur le sujet, c'est à l'auditeur de décider ou non d'utiliser un questionnaire, à moins que l'on ne lui en impose un ! Il vaut mieux un guide pour l'auditeur, qui lui permet d'éviter des oublis.

61 *S'il n'y avait qu'une seule recommandation pour cette phase juste avant audit, quelle serait-elle ?*

Pour le responsable d'audit et l'équipe d'auditeurs, expert compris, il faut « faire le vide » ! Cela consiste aussi à chasser les préjugés, accumulés consciemment ou inconsciemment au cours de la préparation de l'audit.

Cette phase doit en fait permettre à l'ensemble des acteurs, auditeurs et audités, d'arriver au jour « J » dans la meilleure forme physique et mentale pour que l'« effet miroir » puisse fonctionner.

Pour chacun, il faut éviter les stress inutiles du type perturbation de transports (avion en retard, encombrements). C'est notamment vrai pour l'équipe d'audit qui se déplace chez l'audité.

Mieux vaut arriver la veille, près de l'organisme à auditer, plutôt que de vouloir arriver par le premier avion du matin... qui peut arriver en retard... puis suivent les inévitables problèmes de circulation matinaux, etc.

Le jour « J », aussi bien pour les audités que pour les auditeurs, il convient d'être en forme, et la bonne humeur est de mise.

Si un auditeur est malade au dernier moment, ses capacités seront amoindries. S'il peut néanmoins assister à l'audit, il faut qu'il prévienne l'équipe qui prendra les mesures compensatoires... L'équipe d'audit sert aussi à ça !

12

Do (faire)

62 *Quels sont les prérequis pour réaliser l'audit le jour « J » ?*

L'audité est informé par le commanditaire : c'est la lettre de saisine (au moins trois semaines avant l'audit).

L'équipe d'audit est constituée, un expert est potentiellement saisi, l'observateur a pu se manifester.

Les audités et l'équipe d'audit ont préparé l'audit. Une réunion préparatoire et/ou une téléconférence ont eu lieu.

Les moyens matériels (salle de réunion confortable, moyens de communication, rétroprojecteur, tableau blanc avec marqueurs opérationnels, vidéoprojecteur, appareil photo numérique) ont été identifiés. Ils sont mis à disposition par l'audité.

Le responsable d'audit a envoyé formellement à l'audité (au moins une semaine avant audit) :

- l'intitulé de l'audit : c'est ce qui cadre le champ de l'audit ;
- le(s) référentiel(s) utilisé(s) : ISO, référentiel métier... ;
- la date d'audit et sa durée ;
- la composition de l'équipe d'audit ;
- le plan d'audit.

Dès que possible, l'audité a envoyé à l'équipe d'audit les documents qui lui paraissent pertinents.

Le responsable d'audit a réparti les rôles des membres de l'équipe d'audit. Il a pris soin d'expliquer à l'expert le processus d'audit, et a défini son domaine d'intervention et sa durée.

63 *Comment réussir la réunion d'ouverture ?*

La réussite de la réunion d'ouverture est un gage du bon déroulement à venir de l'audit. La réunion doit démarrer à l'heure prévue, c'est une question de politesse... pas uniquement celle des rois.

À cette fin, l'équipe d'audit a pris possession de la salle de réunion prévue ; le responsable d'audit se place à un endroit qui lui permet de contrôler les moyens d'expression : tableau rétro projecteur, etc.

L'intitulé de l'audit est mentionné explicitement et en gros au tableau et restera lisible pendant tout l'audit.

Tout se passe en quelques minutes, la confiance entre les parties doit s'installer rapidement. C'est plus facile lorsque la préparation a été bien faite.

Le rôle du responsable d'audit est alors primordial. Plus que le respect de la déontologie de l'audit, il faut qu'il associe bonne humeur, clarté, simplicité et, qu'en même temps, il fasse montre de juste ce qu'il faut d'assurance....

C'est le moment de rappeler **l'intitulé de l'audit**, le processus audit, le déroulement prévu (éventuellement d'y apporter les ultimes modifications), la formulation des écarts, et de montrer que l'audité pourra participer activement à leur évaluation.

Le comportement des auditeurs est important (le kinesthésique).

Le responsable d'audit doit savoir aussi rapidement donner la parole aux audités.

L'audité est à l'écoute, il peut formuler des remarques, ou préciser que certaines personnes ne seront pas disponibles, que certaines visites de locaux sont toujours possibles ou bien modifiées.

La « pause repas » sera précisée, ainsi que le lieu et l'heure prévus pour la réunion de restitution, et la fin d'audit.

64 *Comment se déroule l'audit ?*

Le responsable d'audit est le « chef d'orchestre ». C'est le chef du microprojet « bon déroulement de l'audit ».

C'est sur lui que reposent en particulier :

- le respect du plan d'audit ou ses dernières adaptations ;
- le respect du jeu « questions-réponses », les recadrages éventuels ;
- la gestion des crises... (à éviter !) ;
- la détection des écarts, des points sensibles, des points forts ;
- la gestion des pauses ;

Il a aussi la responsabilité de conduire certains aspects, tels que la réunion d'ouverture ou de restitution.

Une salle de réunion est généralement utilisée. Elle doit être aussi spacieuse que possible, et surtout au calme.

Le déroulement de l'audit consiste, par items prévus au plan d'audit, à faire dialoguer les audités à partir de questions formulées par l'auditeur ou l'expert.

Généralement des preuves documentaires sont exigées : ce sont les fameux **enregistrements** (autrefois appelés enregistrements qualité) qui font l'objet d'exigences normatives.

Des visites de terrain sont souvent effectuées. Le jeu des questions réponses se poursuit aussi sur place. Les moyens matériels peuvent être examinés.

Parfois l'équipe d'audit peut se scinder en plusieurs groupes, et examiner des aspects situés géographiquement dans des endroits différents.

Des pauses sont nécessaires. Elles sont l'occasion de se détendre ou de faire le point entre auditeurs et entre audités.

Lorsque l'équipe d'audit détecte un écart, elle fait une courte pause et en informe l'audité, sans toutefois proposer d'échelle de valeurs pour hiérarchiser l'écart.

C'est la réunion de restitution qui sera l'occasion de proposer aux audités une hiérarchisation des écarts.

65 *Comment prépare-t-on la réunion de restitution ?*

La préparation de la réunion de restitution a lieu à l'issue du jeu des questions-réponses.

Les auditeurs s'isolent sur le lieu de restitution. Généralement le tableau blanc sert de support aux auditeurs, qui peuvent ainsi présenter les points capitalisables (points forts), les écarts qui vont faire l'objet de l'accord avec les audités, les éventuels points sensibles et observations.

L'équipe d'audit propose une hiérarchisation des écarts.

La « **non-conformité** » est un écart par rapport à une exigence (client, réglementation...) ou à une attente forte au regard des **risques avérés**[25] de non-satisfaction du client, ou si le processus d'amélioration est très impacté, voire récurent. La « non-conformité » donnera lieu impérativement à une action d'amélioration de l'audité.

La « **remarque** » est un écart qui ne donne pas lieu à des risques client, ou bien si il y a un faible impact sur le processus d'amélioration, mais dont le traitement permettra par exemple une meilleure lisibilité du système de management.

L'équipe utilise ses notes prises au cours de l'audit. Il convient de rappeler combien ces prises de notes sont importantes, en particulier pour situer le domaine, les références documentaires.

Il est préférable que les auditeurs soient d'accord sur les écarts à évoquer. Si ce n'est pas le cas, il faut convenir d'une stratégie de présentation aux audités, quitte à mentionner le « léger » désaccord interne.

La présentation doit se faire en utilisant un support visuel simple, aisément appropriable par les audités.

25 Risques avérés : risques dont on peut faire la preuve.

La présentation selon les quatre cadrans de la norme ISO 9001[26] (§ 5 Management de la direction/écoute client, § 6 Management des ressources, § 7 Processus de réalisation, § 8 Amélioration continue), est facile d'emploi. Il conviendra de l'éclairer, à part, sur les *incontournables* du paragraphe 4 : système de management et ses six procédures obligatoires (gestion des documents et enregistrements, traitement des écarts, actions correctives et préventives, audits internes).

Si possible, avant de dévoiler le tableau aux audités, il peut être utile de masquer ce tableau, tout au moins au début de la réunion, le temps de rappeler comment se fait la restitution.

26 NF EN ISO 9001 (décembre 2000) : Systèmes de management de la qualité. Exigences

66 *Comment conduit-on la réunion de restitution ?*

La réunion de restitution est une phase importante pour tous les acteurs de l'audit, puisqu'elle va permettre de faire valider les propositions des auditeurs par les audités.

Le responsable d'audit présente généralement la réunion de restitution. Il veille à ce que les différentes parties prenantes auditées (la direction, le représentant du déploiement du système de management, les acteurs principaux, chefs de projets, les responsables de processus...) soient représentées.

Parfois, le commanditaire de l'audit assiste à la réunion de restitution (cas des audits internes), à moins que ce ne soit l'observateur qui le représente.

Il ne s'agit surtout pas de refaire l'audit !

Le responsable d'audit présente de façon schématique, mais néanmoins compréhensible, selon les paragraphes de la norme complétés du référentiel métier, les points positifs, et les écarts qui pourraient faire l'objet d'améliorations : c'est l'image renvoyée par le miroir ! Les non-conformités et les remarques apparaissent explicitement.

Quelquefois, les auditeurs identifient des points **sensibles**. Ce sont des éléments qui permettront une meilleure lecture du système en suivi d'audit.

Les audités peuvent apprécier ou non la justesse et la formulation des écarts. Si il y a contestation, un débat (rapide) s'installe dont l'issue est un accord. **En cas de doute, le bénéfice revient à l'audité.**

Une fois l'ensemble des items examinés, le responsable d'audit clôt l'audit. Une trace du tableau, ainsi que des transparents proposés et amendés en séance, est conservée. Un appareil-photo numérique est fort utile à ce moment. Il pérennise l'image construite au tableau, qui devient ainsi un support matériel.

La diffusion du rapport d'audit est proposée aux audités. Des objectifs de dates des actions d'amélioration sont évoqués (ce n'est pas toujours possible « à chaud »).

67 *Qui peut formuler des conseils au cours de l'audit ?*

L'audit est l'occasion de faire un constat, qui permet d'identifier des pistes de progrès.

Il appartient aux audités de proposer les actions d'amélioration. Ceci leur est parfois difficile, ils devront recourir à des conseils, soit externes (consultant), soit internes.

Ce n'est pas à l'auditeur de proposer les conseils, notamment pour les audits de seconde et tierce partie dont la déontologie l'interdit, car la responsabilité des actions d'amélioration n'appartient qu'à l'audité. Il pourrait y avoir confusion entre « juge » et « partie ».

En audit interne, les actions d'amélioration sont aussi du ressort des audités qui vont chercher à demander un avis aux auditeurs. C'est possible, à condition de rappeler que seul l'audité est responsable des actions d'amélioration. Le conseil est donc possible, mieux vaut le donner après l'audit interne, à froid !... et aussi de façon informelle.

68 *Comment est fait le rapport d'audit ?*

Le rapport d'audit est un travail collectif qui revient à l'équipe des auditeurs.

Généralement, le responsable d'audit prend la plume, mais cela peut être aussi l'auditeur, lors d'un compagnonnage prévu dès la préparation de l'audit.

Le style a son importance, mais doit rester simple. Le rapport est écrit pour être lu !

Le rapport s'écrit beaucoup plus rapidement dès le lendemain de l'audit. Les prises de notes des membres de l'équipe d'audit sont fort utiles aussi à ce stade.

Le rédacteur utilise généralement un modèle de rapport reconnu de l'organisme auquel il appartient. Selon les cas, les points *sensibles* sont aussi explicités.

L'une des qualités du rapport d'audit est certainement la bonne formulation des fiches d'amélioration qui expriment l'écart par rapport à la norme ou au référentiel, ainsi que sa hiérarchisation en non-conformité ou remarque. Cette formulation est importante car c'est elle qui permettra d'engager les actions d'amélioration. Il ne doit donc pas y avoir d'ambiguïté à la lecture de la formulation de l'écart. Le style laconique est aussi frustrant. La formulation ne doit pas dépasser trois phrases.

Une fois la première version réalisée, certains préconisent l'envoi du support informatique à l'équipe d'auditeurs, pour remarques rapides (sous quelques jours).

Une fois les remarques intégrées, on peut envoyer ce nouveau projet aux audités (sans que cela soit une obligation). L'objectif est de dissiper tout malentendu.

Sous quinze jours, le rapport d'audit est envoyé formellement au commanditaire (ou le client d'audit), avec parfois une proposition de lettre aux audités, ainsi que la liste de diffusion.

C'est le commanditaire (ou le client d'audit) qui assure la diffusion du rapport.

13

Check (mesurer)

69 *L'audit est-il bien fait ?*

C'est une question que toutes les paries prenantes de l'audit peuvent se poser.

Pour le commanditaire, il importe d'avoir une réponse claire, dans les temps prévus. Il doit éclairer les objectifs de l'audit.

L'audit bien fait n'est pas forcément celui pour lequel tout s'est bien passé (bonne ambiance, bon accueil...). Quelques manques de formalisation ont été détectés, bref... l'auditeur a mis en évidence quelques écarts seulement par rapport au référentiel. Pour autant, y a-t-il des risques de non-satisfaction du client par rapport à ses exigences ? Ses attentes, qui ne donnent pas forcément lieu à formulation, sont-elles prises en compte ? Si ce n'est pas le cas, les risques correspondants sont occultés !

Un audit n'est jamais parfait, les risques de « passer au travers » existent. Il faut donc croiser les résultats de l'audit avec les attentes du commanditaire. Ce n'est pas facile. Dans les conditions actuelles, même pour un **bon audit**, le risque existe de ne pas détecter une mauvaise pratique qui sera préjudiciable à terme pour le client. On risque donc... de louper un risque !

Pour éviter de tomber dans ce piège, il convient de bien identifier la chaîne des acteurs, surtout pour les marchés importants qui donnent lieu à sous-traitance en cascade. Pour les projets, c'est l'analyse des risques projet, qui peut aider à éviter d'oublier un risque.

Doit-on généraliser ce type de démarche à la moindre prestation ? On peut s'en inspirer et donc préparer les auditeurs à l'analyse de risques. Les prochaines formations et les textes associés devront sans doute s'y intéresser.

Pour l'instant, il est difficile d'apprécier un bon audit dont l'effet miroir peut être altéré par au moins l'une de ces quatre composantes : les audités, les auditeurs, le champ d'investigation, les informations disponibles.

70 *Le client sera-t-il mieux servi ?*

En tout état de cause, s'il n'y a pas de « non-conformité » formulée dans le rapport d'audit, le client ne doit pas être insatisfait !

A contrario, s'il est déjà insatisfait avant l'audit, alors il doit au moins y avoir une action d'amélioration détectée !... voire mise en œuvre.

La formulation des actions d'amélioration a aussi son importance : une mauvaise formulation peut être mal interprétée. De même, les actions d'amélioration associées ne donneront pas tout ce qui est potentiellement améliorable.

Si le rapport identifie bien des **risques** client et parties intéressées, et si les actions d'amélioration parviennent à être effectuées à temps, alors le client aura trouvé un motif de satisfaction. Sans audit, il y aurait vraisemblablement eu un contentieux.

C'est ce que l'on peut attendre de mieux du processus audit !

Les remarques sont d'une moindre portée. Elles sont utiles pour apporter généralement une meilleure lisibilité. C'est donc dans le domaine de la confiance avec le client que le rapport d'audit permet de progresser, à partir des remarques.

Quand il n'y a pas de client explicite, c'est le cas pour des actions thématiques, par exemple dans le domaine de la recherche fondamentale, les risques de non-satisfaction existent plutôt pour ceux qui conduisent la recherche. Ils risquent de perdre de la notoriété, et par là même, de futurs financements. A terme, c'est aussi la *société* qui sera amenée à douter du bien-fondé de ces actions. Dans ce cas également, l'audit peut trouver sa place, c'est maintenant possible grâce à l'existence de certains référentiels de qualité[27] en recherche.

27 FD X 50-550 (octobre 2001) : Démarche qualité en recherche – Principes généraux et recommandations

71 *Comment l'auditeur peut-il mesurer s'il a bien fait l'audit ?*

Il est impossible d'apporter une réponse à cette question ! Deux voies sont possibles.

La rédaction du rapport d'audit a été facile, la relecture avec les autres parties prenantes s'est faite rapidement, la diffusion a été faite peu de temps après... La clarté, le consensus sur les voies de progrès ont été aisés. Le déroulement de la démarche s'est fait sans entrave..., c'est bon signe (à défaut d'avoir identifié tous les risques client, ce qui n'est jamais possible dans l'absolu) !

À l'inverse, le rapport d'audit a tardé à sortir, des écarts prêtent encore à discussion, le compagnonnage au sein de l'équipe n'a pas très bien fonctionné : autant d'indicateurs qui montrent un audit qui manque au moins de « clarté ».

L'autre voie est celle d'une relecture par les acteurs qui participent aux actions d'amélioration. Ce sont eux qui vont mesurer la pertinence des pistes de progrès ! Pour mesurer ces pistes, l'auditeur peut s'informer auprès de ceux-ci, ce qui n'est pourtant pas toujours possible.

On sent bien qu'une « métrique d'audit » est difficile à établir. Il y a beaucoup de subjectif, et donc un champ d'interprétation sur la qualité de l'audit.

Le risque de réaliser un « mauvais audit » est bien présent !

Afin de permettre à l'auditeur de progresser dans la voie du *check*, il faut répondre aux questions suivantes, à chaud et à froid :
- L'audit éclaire-t-il bien les objectifs d'audits ?
- L'« effet miroir » a-t-il fonctionné ?
- Les boucles d'amélioration (audités, auditeurs, commanditaires) sont-elles bien activées ?

72 *L'audit a-t-il permis d'identifier des risques ?*

Le processus d'audit est un instant privilégié, notamment pour dialoguer sur l'existence de tel ou tel risque.

Si aucun risque de non-satisfaction client n'a été évoqué, ni entraperçu, on peut se demander à quoi servent l'audit et les auditeurs, et si les audités ne perdent pas leur temps !

Même si la démarche d'analyse des risques est déjà adoptée dans certains corps de métiers confrontés aux risques technologiques, biologiques, chimiques, ou nucléaires, et aussi dans la démarche de conduite des projets, l'auditeur doit aussi se poser la question des risques organisationnels.

C'est l'examen des *processus critiques* mis en jeu par l'organisme, ou les organismes co-contractants, leurs interactions, qui doivent être ciblés par rapport aux risques de non-satisfaction des besoins.

Il appartient également à l'auditeur, lors de la préparation, de bien identifier les risques pressentis par le commanditaire de l'audit. Ce dernier considère souvent ces risques comme triviaux, à tel point qu'il ne les exprime souvent pas ! C'est donc à l'auditeur de faire exprimer les risques pressentis par le client. Pourtant, actuellement, les programmes d'audits ne font pas remonter ce type d'information.

Le rapport d'audit devra au moins se caler en fonction de ces risques.

Pour l'audité, le dialogue avec l'auditeur doit permettre d'exprimer les risques, tels qu'il les perçoit lui-même. Il peut y avoir des différences de point de vue entre le client et le fournisseur. La convergence de points de vue doit permettre d'identifier les **risques avérés.**

73 *Comment exploiter le rapport d'audit ?*

Le commanditaire se doit au moins de lire le rapport ! Sinon c'est inexcusable, on aurait fait de l'audit pour l'audit ! Il envoie le rapport d'audit aux audités, avec une lettre d'accompagnement, pour demander la mise en oeuvre des actions d'amélioration, avec des dates d'engagement. Ce sont bien les actions d'amélioration qui vont permettre de mesurer les progrès de l'organisme. Ces actions seront examinées en revue de direction.

L'audité, quant à lui, propose des actions d'amélioration, dont certaines sont à sa charge, parfois toutes !

À ce niveau, il a souvent besoin de conseils, d'une aide.

Il se peut que certaines actions d'améliorations ne soient réalisables qu'à un niveau supérieur. Dans ce cas, la boucle d'amélioration concernée doit être déclenchée (quand elle existe !).

Pour les actions capitalisables, et donc profitables pour l'ensemble de l'organisme, il faut déclencher le processus de communication interne et de capitalisation des connaissances (là aussi, quand ils existent !).

14

Act (améliorer)

74 *Quels effets peut-on attendre de l'audit sur les bonnes pratiques ?*

On peut imaginer, même sans faire des audits, que les bonnes pratiques internes à un organisme sont régulièrement identifiées, remontées au bon niveau pour être capitalisées et mises à disposition de l'ensemble des acteurs de l'organisme.

On peut aussi émettre des doutes sur de réelles pratiques de capitalisation d'entreprise ! ...On n'a souvent pas le temps !

On peut aussi le faire à posteriori, par exemple, lorsque les gens sont partis en retraite, avec les limites inhérentes lorsque, malheureusement, des décès surviennent.

Notre expérience montre que la capitalisation se fait en avançant... comme pour les projets, en se construisant au fur et à mesure !

L'audit, notamment interne, est une occasion de découvrir les bonnes pratiques d'une unité dont l'ensemble de l'organisme peut profiter, avant qu'il ne soit trop tard !

C'est une voie possible de détection, la réalité le montre fréquemment. Il reste à capitaliser !

75 D'autres boucles d'amélioration que celles du terrain peuvent-elles s'envisager ?

L'audit permet de fournir des données d'entrée pour la boucle d'amélioration « terrain ». C'est sa vocation initiale. Il convient de vérifier qu'elle fonctionne bien, notamment en revue de direction de l'unité.

Il permet également de capitaliser des bonnes pratiques pour l'ensemble de l'organisme, ce qui est surtout vrai au sein de grands organismes.

Ainsi, une autre boucle, plus stratégique, pourrait reprendre ou traiter des actions d'amélioration à vision plus globale et aussi plus éloignée du terrain. C'est le rôle des managers, des représentants de la direction (ce sont eux qui participent au déploiement du système de management, des processus).

Déjà certains organismes commencent à faire fonctionner cette boucle pour des campagnes d'audits ciblés sur un domaine, par exemple, la sécurité.

La capitalisation des bonnes pratiques, par ce type de fonctionnement, basé sur l'audit est en train de naître !

C'est l'avenir qui confortera ou non cette démarche.

76 *Peut-on améliorer le programme d'audit ?*

Cette question doit apparaître en revue de direction à l'issue de l'examen du suivi d'exécution du programme d'audits et donc de l'examen des pistes d'amélioration au niveau de l'organisme.

Ainsi il convient d'orienter ou de réorienter le programme d'audits de façon pluriannuelle.

En particulier, la direction veillera à identifier les activités majeures de l'organisme, dont les processus sont critiques non seulement par rapport aux clients mais aussi vis-à-vis des parties intéressées. Ainsi des activités liées aux secteurs publics, tels qu'en France, l'enseignement, les collectivités locales, l'administration, la recherche, les transports, les télécommunications, la santé, etc. sont maintenant concernées.

À terme, tous les processus mis en jeu au sein de l'organisme sont susceptibles d'être audités, ainsi que tous les salariés qui doivent s'y situer.

C'est notamment dans ce cadre que doit être examiné le management des ressources en auditeurs, réorienté si besoin avec ou non des actions de formation associées, d'accompagnement et de compagnonnage.

15

Types d'audit

77 Qu'est-ce qu'un système de management ?

Un système (de management) est la façon dont un organisme se structure pour atteindre un ou plusieurs objectifs : qualité, hygiène, sécurité, environnement... Un système (de management) est décrit dans au moins un document, qui s'appuie sur une arborescence documentaire. C'est le système (de management) qui constitue la porte d'entrée pour un lecteur, ou un auditeur, pour comprendre la façon dont l'organisme s'est structuré, les exigences ou recommandations qu'il a choisies, ou s'est fixées. L'organisme peut également faire le choix d'un modèle d'exigences ou de lignes directrices telles que, par exemple, celles de l'ISO 9000, ou de l'ISO 14000.

On assiste maintenant à une proposition grandissante de systèmes de management. On parle désormais de management de projet, par projets, par la valeur, qualité-sécurité-environnement, de l'information...

Devant cette prolifération, on peut s'interroger sur le bien-fondé de chaque démarche, et aussi sur la nécessité de structurer l'organisme dans un seul système. On parle maintenant de système de management intégré[28] (SMI), qui pourrait fédérer toutes les démarches. Il y a aussi des réflexions sur des bonnes pratiques et retours d'expérience[29].

En attendant une convergence des systèmes, force est de constater que le poids des ISO 9000 et 14000 présente des intérêts, de par leur principe de management par les processus, et surtout l'amélioration permanente. Ces systèmes ont aussi leur poids par rapport aux processus de certification, ils sont ainsi reconnus par des organismes tiers indépendants.

---

28 Avant-projet de FD X 50-189 : « Système de management intégré », version du 20 03 2003

29 Document « ACCORD » AFNOR AC X 50-200 de décembre 2002 : Systèmes de management intégré — Bonnes pratiques et retours d'expérience.

78 *Qu'est-ce qu'un audit « système » ?*

Un audit « système (de management) » est un audit dont le champ concerne l'ensemble du système de management de l'organisme. L'auditeur (ou plutôt l'équipe d'auditeurs) va devoir explorer toute l'étendue du système de management de l'organisme, ce qui peut conduire à un audit plus ou moins lourd en fonction de la taille de l'organisme, de son implantation géographique, des activités et ou processus mis en jeu.

C'est sur la base d'audit système global que le processus de certification se construit. Rappelons que le système exige un programme d'audits internes.

Le système de management de l'organisme peut être appliqué à la démarche qualité, à l'environnement, à la sécurité, ou à tout autre aspect. Pour l'instant, les systèmes de management des organismes sont plutôt orientés « qualité » ou « environnement ». La tendance actuelle est aussi de construire des systèmes de management qui permettent de répondre non seulement aux besoins des clients et organismes réglementaires, mais aussi à d'autres besoins tels que la sécurité, l'hygiène. Dans ce cas, il s'agit (ou plutôt il s'agira) d'audit de système de management baptisé « intégré ». Certains organismes s'orientent déjà vers des systèmes de management QSE (qualité-sécurité-environnement), QHSE (qualité-hygiène-sécurité-environnement). Les audits système seront donc applicables dans ce cadre.

L'auditeur doit pouvoir anticiper les futures évolutions des systèmes de management. Actuellement l'auditeur est formé (ou le sera à terme) selon ISO 19011. Cette norme prépare l'auditeur à auditer des systèmes de management qualité et/ou environnement, de façon à ce que les organismes ne soient audités que par un seul type d'auditeur. Ainsi les organismes ne subissent qu'un seul type d'audit en même temps. Pour la sécurité, celle-ci ne fait pas encore l'objet d'une intégration au niveau normatif[30], mais ceci n'empêche pas les organismes

30 OHSAS 18001 (1999) : Systèmes de management de la santé et de la sécurité au travail – Spécification

à s'y préparer et à construire leur système de management QSE, qu'il faudra bien auditer pour le faire progresser. L'auditeur doit donc être capable potentiellement d'auditer dans cette future voie.

79 *Un audit conduit dans le cadre de la certification est-il un audit système ?*

Pas forcément. S'il s'agit d'un audit interne, on peut effectivement avoir affaire à un audit système, conduit généralement par des auditeurs de l'organisme. Mais on peut aussi auditer un processus, voire son application dans le cas de la fourniture d'un produit, ou de la conduite d'un projet. Il s'agit dans ce cas d'audits utiles au cours de la construction du système de management.

En revanche si l'audit est conduit dans le cadre du processus de certification de l'organisme, à un stade plus avancé de construction du système de management, on aura affaire alors à un « audit à blanc », réalisé soit par des auditeurs internes d'un très bon niveau, soit par des auditeurs externes reconnus.

L'audit qui fait foi pour l'organisme certificateur est bien entendu un audit système. C'est l'audit qui permet de prononcer la certification. Il est conduit par des auditeurs dûment reconnus par des organismes, eux-mêmes reconnus par le COFRAC[31].

31 COFRAC : Comité français d'accréditation

80 *Qu'est-ce qu'un processus ?*

Un processus[32] est l'ensemble des activités qui concourent à transformer des données d'entrée en données de sortie, et qui apportent une valeur ajoutée. Un processus fait appel à des ressources humaines, matérielles... à des façons de faire.

Pour un petit organisme, c'est l'activité de base essentielle. Le cordonnier met en œuvre son savoir-faire, ses outils, il commande des matériaux, tout ça pour satisfaire les besoins de ses clients, la réparation des chaussures, éventuellement la vente de produits d'entretien.

Il met en œuvre le processus de réalisation : « réparer les chaussures ».

Dans les organismes de plus grande taille, les processus sont identifiés et caractérisés. Bien que la norme ISO 9000 ne l'exige pas, le management des processus[33] peut faire l'objet d'une description succincte et d'une présentation à l'aide d'une cartographie des processus. À cette notion, il convient aussi d'associer les notions de pilote de processus, d'indicateur(s) d'état des processus (maturité), d'interactions entre eux.

En fait il convient d'identifier les processus « critiques » qui sont ceux qui présentent des risques vis-à-vis des clients et parties intéressées, et leurs interactions.

Le management des processus fait l'objet d'un fascicule de documentation AFNOR.

32 Processus : ensemble d'activités corrélées ou interactives qui transforme des éléments d'entrée en éléments de sortie (ISO 9000 version 2000).

33 FD X 50-176 (juin 2000) : Management des processus

81 *Tous les organismes mettent-ils en œuvre des processus ?*

Généralement, tous les organismes possèdent en leur sein des processus. Même s'ils ne sont pas explicités, ils sont néanmoins présents. Ils sont souvent identifiés par les structures qui les appliquent (formation, contrats, production...), parfois en oubliant les objectifs de l'organisme, alors que la finalité des processus est bien la satisfaction des besoins, des clients et parties intéressées.

Les processus font partie de l'organisme. Les principaux sont les processus dits de réalisation (conduite de projet, réalisation d'un produit...) qui nécessitent des processus de soutien (les ressources, les achats, la formation, etc.) et des processus de pilotage (processus stratégiques, de communication, d'amélioration...).

L'identification de ces processus et de leurs interactions, par rapport à la satisfaction des besoins, est essentielle.

Il nous a été rapporté l'expérience d'un constructeur automobile qui avait fait beaucoup d'efforts pour gagner quelques fractions de secondes à chaque tour, lors des 24 heures du Mans, par des études aérodynamiques onéreuses.

Le jour de la course, les bolides prenaient de l'avance jusqu'au moment où les commissaires de course ne pouvaient plus comptabiliser les tours effectués, car l'ampoule du feu stop grillait. C'est elle qui servait à compter chaque passage devant la ligne d'arrivée !

Il manquait en fait à cette ampoule le support antivibratoire qui aurait permis de lui donner une durée de vie supérieure à 24 heures, alors qu'elle ne supportait que quelques tours. Les processus et leurs interactions n'avaient pas été bien appréhendés. Les risques de ne pas gagner la course ont été mal examinés !

La difficulté réside en fait dans l'identification des processus et de leurs interactions.

Les processus sont souvent mis en œuvre de façon « naturelle », il suffit de reprendre l'exemple d'un cordonnier.

Pour un organisme complexe, et pour un produit complexe, le processus devient beaucoup plus structuré, voire formalisé, avec les autres processus de support et de pilotage. C'est notamment dans ce cadre qu'il convient de « manager » les processus, de façon à éviter les doublons d'activités, les mauvaises interactions entre processus.

Pour la conduite de projet, qui constitue un processus de réalisation en soi, des sous-processus spécifiques sont identifiés.

82 *Existe-t-il un modèle de management des processus ?*

Oui, il en existe un, qui est décrit dans l'ISO 9000 (version 2000). Des documents en soutien aux normes, par exemple les fascicules de documentation (FD), publiés par AFNOR, décrivent la façon de manager les processus. Ces documents sont utilisables lors d'audits.

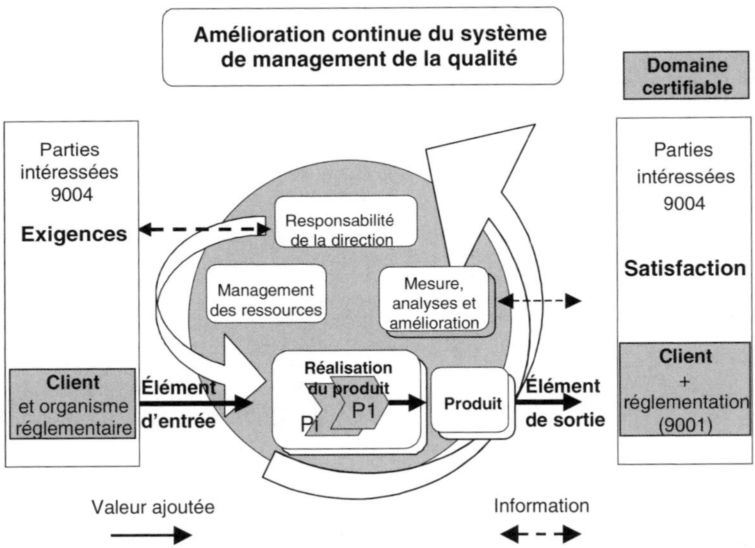

Figure 7 Modèle d'un système de management basé sur des processus (selon ISO 9000:2000)

Cette figure 7 montre que seul le domaine couvert par l'ISO 9001 (version 2000) , qui concerne la satisfaction des exigences du client et des organismes réglementaires, peut donner lieu à « certification d'organisme » : il s'agit d'efficacité.

Pour la satisfaction des parties intéressées, il faut se référer à ISO 9004 (version 2000), qui peut donner lieu à l'obtention d'un prix qualité : il s'agit d'efficience (optimisation des ressources).

83 *Peut-on auditer un processus ?*

On peut auditer un processus au sein de l'organisme. Attention il convient de bien le situer au sein du système de management, car sinon on court le risque de trop le déconnecter du reste de l'organisme et de faire un audit dont les interactions inévitables avec d'autres processus ne seraient pas vues. Ainsi l'audit, bien cadré par rapport à son environnement, peut aider à l'amélioration de son fonctionnement, à sa simplification éventuelle. On aura à faire à un audit de type « **processus** ».

Par contre il est aussi intéressant d'examiner **l'application** d'un processus, par exemple, pour un processus de réalisation, dans le cadre d'une commande précise, ou de la réalisation d'un projet. C'est dans ce cadre que l'on examinera plus particulièrement **l'efficacité** du processus, c'est-à-dire sa capacité à répondre correctement aux besoins du client, et ou des parties intéressées.

84 *Quelles sont les exigences de la norme pour les processus ?*

Les normes de management de la série ISO 9000 (9000, 9001 et 9004) préconisent dans leur dernière version (2000) de mettre en place et d'animer une approche processus.

Les exigences sont clairement définies dans la norme ISO 9001 (celle qui donne lieu à certification)au § 4.1

« L'organisme doit :

a) identifier les processus nécessaires au système de management de la qualité et leur application dans tout l'organisme ;
b) déterminer la séquence et l'interaction de ces processus ;
c) déterminer les critères et méthodes nécessaires pour assurer l'efficacité du fonctionnement et de la maîtrise de ces processus ;
d) assurer la disponibilité des ressources et des informations nécessaires au fonctionnement et à la surveillance de ces processus ;
e) surveiller, mesurer, et analyser ces processus ;
f) mettre en oeuvre les actions nécessaires pour obtenir les résultats planifiés et l'amélioration continue de ces processus. »

L'audit de processus trouve sa place par rapport à certaines exigences, notamment du pilotage [exigences *d)* et *e)*], et d'amélioration [exigence *f)*].

85 *Qu'est-ce qu'une application ?... un audit d'application?*

On comprend par « application » la fourniture d'une prestation technique (matérielle : un objet concret ; ou intellectuelle : une note technique, une étude, un plan, une thèse...), ou bien d'un service (prestation de maintenance, un transport, une formation...).

Pour les projets, il s'agit bien souvent de projets de réalisation, donc des prestations techniques. Un projet peut donc être apparenté à un produit.

Un audit « application» est vraiment un audit appliqué à une prestation particulière. Il est clair que si on ne regarde que la prestation, ou les processus de l'organisme mis en œuvre pour la prestation seule, on risque de ne pas examiner les autres items de la norme ISO 9000, en particulier le management des ressources (humaines, matérielles, réseaux...) et les actions d'amélioration (audits internes, traitement des écarts...).

Ce type d'audit, s'il n'est fait que sur l'application du processus pour une demande client donnée, risque fort de s'apparenter à une simple expertise ou bien un contrôle externe, vu par un mandaté du client.

Cela peut aussi s'appeler une « inspection », qui donne lieu en général à des conflits, voire des actions difficiles entre les deux parties. Ainsi le processus d'audit est dévoyé et perd certainement des potentialités d'améliorations importantes.

Notre pratique nous incite à mener l'audit d'application, mais en le situant au sein du système de management de l'organisme, et des processus mis en jeu. Cette posture permet d'examiner, plus largement que le seul processus appliqué au produit, les autres processus support, de pilotage et items de l'ISO 9000.

De même, l'audit d'application d'un projet doit se faire par rapport au système de management de l'organisme.

16

Nature d'audit

86 *Qu'est-ce qu'un « diagnostic » ?*

Un diagnostic peut être effectué pour les trois **types d'audits** précédemment évoqués (système, processus, application produit/projet), si les différents acteurs concernés ne sont pas dans un système de management (d'organisme, de projet) bien établi, ou en construction, voire embryonnaire.

En effet, même si le système de management n'est pas bien décrit et établi, les métiers, les compétences, les processus sont existants au sein de l'organisme, ils utilisent souvent des « référentiels métiers » déjà décrits. Dans ce cas, l'audit peut aussi être utile et, en le qualifiant de « diagnostic », on peut faire progresser l'audité, ne serait-ce que sous l'angle de sa culture qualité. Dans ce cas, quitte à ne pas utiliser la notion de « non-conformité », on utilisera plutôt la notion de « Remarque », sans doute mieux perçue.

Le diagnostic est donc à envisager au niveau de la préparation de l'audit, en fonction de la maturité des acteurs et de l'organisme.

87 *Des précautions particulières sont-elles nécessaires lors d'un audit « diagnostic » ?*

En général les audités ne sont pas prêts à être audités. Au moment où ils le découvrent, la surprise peut faire place à l'effroi !

Il convient donc de leur faire découvrir la démarche, et de leur montrer qu'ils peuvent en tirer des bénéfices. Il y a une phase de découverte qu'il convient de bien préparer. Il existe au moins une solution : le dialogue.

Pour reprendre l'image du « miroir », il faut imaginer la réaction d'un être humain, ou d'un animal, lorsqu'il se regarde pour la première fois dans une glace, et qu'il voit l'image d'un autre… qui peut lui faire peur.

Est-ce un ami, un agresseur ?… Il ne sait pas qu'il a affaire à lui surtout s'il n'est pas accompagné par une autre personne, un autre animal, qui peut l'aider à identifier certains points de repères rassurants.

Pour revenir à notre audit diagnostic, il faut préparer l'audité à se voir pour la première fois dans ce « miroir », pour éviter qu'il prenne peur, et que ce regard provoque un réflexe de fuite !

Il faut aussi utiliser une équipe d'auditeurs qui possèdent un bon sens de la communication, d'adaptation en fonction du degré de maturité du système de management des audités. Il leur faut également beaucoup de tact.

88 *S'il n'y avait qu'une seule recommandation à faire pour un audit « diagnostic », quelle serait-elle ?*

Il faut absolument montrer aux audités que l'audit n'est qu'un audit, c'est-à-dire que les résultats de l'audit ne sont que des constats, exprimés sous forme de **remarques** selon le processus audit, et que l'on aura pris le soin de bien présenter, en écartant la notion de « non-conformité ». Il ne s'agit pas d'injonctions plus ou moins fondées qui vont donner lieu à des sanctions.

Ces « remarques » pourront donner lieu à une amélioration, dans la mesure où la boucle d'amélioration est identifiée. Cette amélioration doit en principe aider en premier chef les acteurs de terrain !

L'audit de diagnostic est aussi là pour noter les bonnes pratiques et potentiellement le faire savoir. L'audité peut y être sensible, ainsi que sa hiérarchie.

89 *Qu'est-ce qu'une évaluation ? Quels auditeurs faut-il ?*

Une évaluation est généralement conduite dans le cadre d'audits de type « système », éventuellement d'audits de type « processus » ou « produit/projet ».

Il s'agit pour un organisme déjà bien avancé dans son processus de construction de son système de management, voire qui a engagé un processus de certification, de se situer pour avoir les meilleures chances d'atteindre un objectif. Il faut donc évaluer les actions qui restent à faire pour atteindre un système de management opérationnel.

En principe, il convient d'avoir des auditeurs expérimentés, pas forcément très reconnus, sauf s'il existe des « risques audits ». Le processus d'audit est aussi valable pour améliorer les auditeurs.

C'est une bonne occasion pour engager des auditeurs dans un processus d'amélioration, voire de reconnaissance.

L'audit dit de certification est un audit d'évaluation de « système de management » conduit par des auditeurs reconnus par l'organisme certificateur.

90 *Y a-t-il une phase appropriée pour effectuer un audit d'évaluation ?*

Comme pour tous les audits, mieux vaut cibler une date aussi pertinente que possible.

Trop tôt, l'évaluation mettra en valeur un grand nombre d'actions d'amélioration, éventuellement traumatisantes pour l'audité.

Trop tard, les actions d'amélioration seront difficilement mises en œuvre, compte tenu des dates prévues pour l'obtention d'une certification, ou pour obtenir un « état » du système de management acceptable par rapport aux prévisions.

Une évaluation s'applique aussi pour les audits « produit/projet ».

Il s'agit donc de négocier, entre les audités et les auditeurs, une date aussi réaliste que possible. Dans certains cas, ceci peut conduire à remettre en cause les exigences et ou les attentes du commanditaire de l'audit, compte tenu de ses objectifs.

Le responsable d'audit devra bien entendu tenir informé dans tous les cas le commanditaire de l'audit.

91 *L'audit d'évaluation est-il bien le principal audit à réaliser ?*

L'audit d'évaluation est un audit adapté pour un système de management, un processus, d'application à un produit ou un projet, dont la maturité est déjà bien confortée. Il se situe après la réalisation d'autres audits, par exemple de diagnostic qui ont permis d'enclencher une démarche.

L'audit d'évaluation constitue le portefeuille principal de l'auditeur, et donc des audités, pour les différents audits évoqués (système, processus, application produit/projet).

Les commanditaires peuvent aussi avoir présente à l'esprit, consciemment ou non, cette principale notion, au moment de l'expression des besoins d'audits et de l'élaboration des programmes d'audits.

Dans le cadre d'une démarche de certification, l'audit d'évaluation constitue l'étape fondamentale qui va permettre de prononcer cette certification.

92 *Qu'est-ce qu'un audit de suivi ?*

Un audit de suivi est un audit déclenché pour vérifier si les actions d'amélioration ont bien été entreprises, suite à un précédent audit.

C'est en principe un audit allégé, qui peut se faire plus simplement qu'un audit initial.

Les fiches d'amélioration de l'audit initial sont reprises, l'auditeur peut y mentionner son appréciation. Selon les pratiques, notamment en certification, les éventuels points sensibles identifiés dans le corps du rapport font l'objet d'un examen particulier.

Le suivi peut être fait par un auditeur différent de ceux qui composaient l'équipe initiale.

Le suivi peut aussi se faire autrement que par un audit.

On peut privilégier le système de management de l'organisme, à condition qu'il soit opérationnel, pour être sûr que les démarches d'amélioration vont être effectivement mises en œuvre.

C'est le rôle de la revue de direction qui doit examiner l'état d'avancement des actions d'amélioration. Lors de la préparation de cette revue, la personne mandatée, qui peut être le représentant de la direction, fait le point des actions et le présente en revue.

La possibilité de faire un suivi à différents niveaux de l'organisme doit aussi être abordée.

93 *Qu'est-ce que la matrice typologie/nature d'audit ?*

Il s'agit simplement d'un tableau à double entrée qui permet de situer les audits entre eux en fonction de leur nature (diagnostic, évaluation, suivi) et du type d'audit (système-processus, application). L'intérêt de ce tableau est de caractériser chaque audit (Tableau 1).

Ce tableau est indicatif, il peut aider les auditeurs, les audités, les commanditaires pour se « situer » notamment au moment de la préparation de l'audit. Une adaptation à chaque contexte d'audit est souhaitable.

Tableau 1 Caractérisation des audits

AUDIT	**Diagnostic**	**Évaluation**	**Suivi**
Application (produit/projet)	Contractuel (seconde partie)	Contractuel (seconde partie)	Contractuel (seconde partie)
Processus (réalisation, support, pilotage)	Interne **(y compris pour la recherche)**	**Interne** (en situant le processus par rapport au SM)	interne
Système (de management) (système de management de la qualité, SMI...)	Interne, précertification	**Certification** (tierce partie)	**Interne** (exigé par la norme en cas de certification)

Ce tableau permet de caractériser le champ d'audit. On constate qu'en dehors du processus de certification (audit d'évaluation de système de management pour obtenir la certification), de nombreux audits sont réalisables en interne (5 possibilités), et dans le cadre « contractuel » (3 possibilités). Les éléments en **gras** sont sans doute à privilégier, sans perdre de vue que l'objectif des audits est tout d'abord la recherche de l'*efficacité*, c'est-à-dire la satisfaction des besoins.

Exemple (colonne 3 ligne 2) : on fera un audit d'**évaluation** externe (seconde partie) d'une **application contractuelle** pour un produit ou un projet, dans le cadre du système de management du fournisseur.

Ainsi on auditera principalement la fourniture du produit ou la conduite du projet, en n'ignorant pas le système de management de l'organisme (engagement de la direction, écoute client, management des ressources, processus d'amélioration).

17

Risques en audit

94 *Peut-on préciser la notion de risque en audit ?*

La notion de risque[34] est fondamentale, d'une part, dans la démarche de management de la qualité, où les processus doivent être identifiés en fonction des risques encourus pour les clients et pour les parties intéressées, d'autre part, pour le management même des audits.

Pour le processus de conduite de projet, la notion de risque est comprise dans la démarche. Il s'agit d'un sous-processus décrit soit de façon normative[35], soit selon le référentiel de l'organisme. Chaque lecteur pourra s'y référer.

Risque d'un projet : *Événement dont l'apparition n'est pas certaine et dont la manifestation est susceptible d'affecter les objectifs du projet.*

Pour les prestations classiques, l'auditeur devra faire préciser par l'audité les notions de risque, pour chaque processus mis en jeu.

Dans le management des audits, on rencontrera :
- des risques avérés (que l'on peut prouver) de non-satisfaction des exigences et attentes, des clients et parties intéressées ;
- pour les projets, des risques projet.

Enfin, pour les commanditaires, les auditeurs et les audités, on rencontrera des risques dus à la difficulté d'élaborer et de conduire un programme d'audits.

À titre informatif et sans viser l'exhaustivité, les types de risques que l'on peut rencontrer dans le management des audits sont les suivants :
- Le programme d'audits est mal adapté, mal construit et validé. Risque : on ne va pas voir ce qu'il faut !
- Il n'y a pas de plan d'audits stratégique pluriannuel. Risque : la vision à court terme ne permet pas d'anticiper des actions de long terme.

---

34 Risque : Danger éventuel plus ou moins prévisible (*Petit Robert*).

35 FD X 50-117 : Gestion du risque – Management des risques d'un projet

– Les ressources pour réaliser les audits sont insuffisantes, les formations inadaptées. Risque : les programmes d'audits seront mal réalisés.
– Le programme d'audit fait une « fixation » sur certains sous-processus en oubliant les processus majeurs de l'organisme. Risque : on passe à côté du principal !

La boucle d'amélioration stratégique n'est pas opérationnelle. Risque : l'audit n'est utile qu'au niveau terrain, les programmes d'audits ne feront pas l'objet d'améliorations au bon niveau de l'organisme.

Au niveau de la conduite de chaque audit, d'une façon générale, les quatre conditions de réalisation de l'audit pour faire fonctionner « l'effet miroir » peuvent générer des risques :
– équipe d'auditeurs peu performante : résultat contestable ;
– audités mal préparés : place à l'improvisation trop importante ;
– mauvaise définition du champ d'audit : on ne voit qu'une partie du domaine ;
– informations insuffisantes ou biaisées : imprécision sur les constats d'audit.

Auxquels on peut ajouter les conflits et une mauvaise gestion des crises : l'audit laisse des traces !

95 *Comment gérer une crise en cours d'audit ?*

La crise survient quand on n'a pas su l'anticiper. C'est déjà trop tard !

Le moment où peut se déclencher une crise se situe plutôt au moment de la formulation d'un écart, donc en cours d'audit, et parfois au moment de la restitution. Les critères d'audit sont donc à bien identifier.

Chaque auditeur aura à cœur d'anticiper cette situation.

C'est donc au moment de la préparation de l'audit que l'équipe doit se poser la question de la gestion d'une crise. En général le responsable d'audit doit avoir la carrure et l'expérience nécessaires. Il doit être capable de trouver une solution.

Au niveau de la crise elle-même, il faut se donner du temps... pour calmer les esprits. Il est temps de faire une pause !

Ainsi on veillera à dégonfler certaines tensions qui souvent n'ont pas lieu d'être !

Il faut reprendre en faisant des concessions.

En dernier ressort, l'arbitre (le responsable d'audit) doit pouvoir faire « sortir » un « mauvais joueur » (un audité, un auditeur, un expert...). Il s'agit bien sûr de la dernière solution !

96 *Quelles qualités humaines sont nécessaires au management des audits ?*

Pour l'auditeur, les principales qualités humaines sont avant tout celles qui permettent de s'approprier le métier, de le mettre en œuvre, mais aussi de pouvoir progresser.

Sans viser l'exhaustivité, on peut citer :
- les capacités d'écoute[36], d'analyse et de synthèse ;
- une bonne expression orale et écrite ;
- une faculté d'adaptation à l'organisme audité (empathie) ;
- une bonne connaissance des systèmes de management ;
- le respect des autres, et la faculté à se faire respecter ;
- la justesse de la formulation des axes d'améliorations.

La norme ISO 19011 relative à l'audit cite : l'intégrité, l'ouverture d'esprit, la diplomatie, la capacité d'observation, la perspicacité, la polyvalence, la ténacité, la capacité à prendre des décisions, l'autonomie ; notions auxquelles il convient d'ajouter le dynamisme et la disponibilité.

En tant que responsable d'audit, il devra aussi être capable de composer et d'animer l'équipe d'audit.

Pour l'audité et le responsable d'audit, il faut être pugnace et accepter parfois une certaine « non-reconnaissance interne de son organisme», quitte à attendre.

Enfin, il faudra aux commanditaires d'audit être capable de comprendre la démarche d'amélioration, et donc passer du management répressif au management participatif.

Les managers quant à eux devront prendre conscience des possibilités d'améliorations apportées par les audits, et construire des programmes stratégiques pluriannuels et annuels, réellement objectifs et non focalisés sur certains sous-processus.

---

36 « Écoute sinon ta langue te rendra sourd »,... pensée indienne

97 *Quelle formation faut-il à l'auditeur ?*

La formation pour effectuer des audits est destinée à acquérir les compétences pour conduire les audits, et ensuite conduire une équipe d'auditeurs.

Les organismes formateurs ne manquent pas.

Les formations s'appuient maintenant sur l'ISO 19011[37], qui suppose également de posséder un bon niveau de connaissance sur les systèmes de management de la qualité et de l'environnement.

Il convient aussi, pour les audits internes, que chaque organisme possède un corps d'auditeurs issus des pratiques, des métiers, de l'organisme depuis plusieurs années.

Pour acquérir un niveau de connaissances suffisant, il faut compter au moins 5 jours de formation dont une partie est constituée d'exercices en situation d'audit.

On présente au futur auditeur un minimum de prérequis, ou de rappels sur les normes ISO 9000 et 14000.

Le processus audit est renseigné, ainsi que la façon de le réaliser du point de vue de l'auditeur.

Généralement, l'aspect management des audits, de l'élaboration du plan d'audit, et retour des audits dans une boucle d'amélioration d'organisme, est suggéré. Faut-il l'améliorer? Les nouvelles normes nous y incitent. En effet, l'impact des audits prend une autre dimension dans un système « bouclé ». Les formations devraient intégrer ces nouvelles données.

Pour un degré de compétences accru, la pratique, l'expérience, le compagnonnage se substituent naturellement aux actions de formation active.

---

37 NF EN ISO 19011 : Lignes directrices pour l'audit des systèmes de management de la qualité et/ou de management environnemental

C'est l'organisme qui peut aider dans ce sens, en proposant dans son plan d'audit des tandems d'auditeurs en cours d'amélioration.

Des formations complémentaires permettent de renforcer la pratique en stage de perfectionnement, par exemple, pour mieux encadrer une équipe d'auditeurs.

L'auditeur peut éventuellement devenir auditeur ICA[38].

38 ICA, Institut de certification des auditeurs

18

Parcours de l'auditeur

La figure 8 présente de façon schématique le parcours de l'auditeur au sein de son organisme. On y représente le futur auditeur (qui peut être observateur) par sa propre roue d'amélioration, qui évolue en même temps que celle de l'organisme.

Cinétique PDCA...auditeur...audits...entreprise

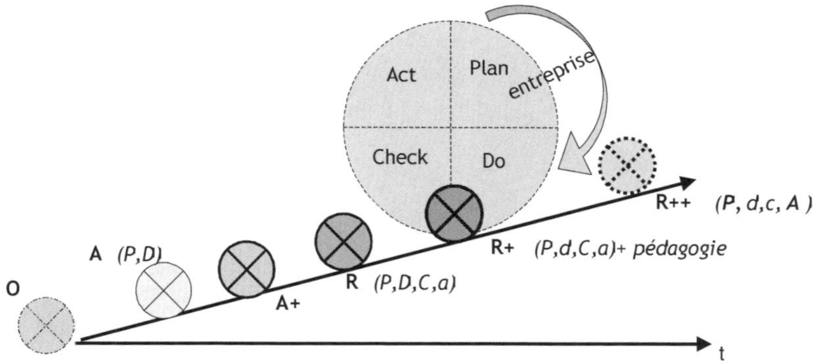

Observateur (O), personne formée ou non au processus audit, qui désire assister à un audit, ou que l'on invite ; n'intervient surtout pas.
Auditeur (A), personne formée, qui a besoin de se lancer ou de poursuivre une activité d'audit.
Auditeur (A+), personne qui a du métier et qui sera prochainement apte à prendre la responsabilité de conduite d'audit.

Auditeur reconnu (R) (ex QAO[39]) ou qui se déclare apte à prendre la responsabilité de conduite d'audit.
Responsable d'audit (R+), qui a acquis de l'expérience (QAO renouvelé, ICA...) dans des domaines assez différents, sur au moins trois ans, capable de **compagnonnage.**
Responsable d'audit (R++) qui milite dans des structures qui permettent d'améliorer le **processus d'audit d'entreprise** (planification, réseau des auditeurs, membre QAO...).

Figure 8 Le parcours de l'auditeur

39 QAO Qualification d'auditeurs d'organisme : structure de l'organisme qui reconnaît les auditeurs pour une durée donnée (trois ans en général)...

Pour chaque petite roue, on caractérise en lettres majuscules ce que l'auditeur va mettre principalement en œuvre pour le processus audit. Exemple : l'auditeur « **R+** » va surtout participer à la planification (P) , au Check (C) (par exemple évaluer l'auditeur qu'il accompagne lors d'un audit), et aussi participer à des actions pédagogiques (en cours d'audit, ou pendant des actions de formation).

99 *Quel accompagnement des auditeurs faut-il privilégier ?*

L'accompagnement des auditeurs est une nécessité. Ce n'est pas en se formant au métier d'auditeur que l'on devient auditeur, même si la formation est active.

Les capacités de l'auditeur se renforcent au fur et à mesure de la pratique.

Un auditeur moyen doit exercer au moins trois audits par an. C'est un minimum.

L'accompagnement se fait au travers du tandem responsable d'audit et auditeur, en premier lieu pour des audits internes.

On privilégiera aussi des premiers audits d'application « produit/projet », pour suivre par des audits internes « système processus », puis « système de management ».

L'auditeur pourra ensuite participer à des audits externes d'application « produit/projet », toujours sous la férule d'un responsable d'audit qualifié.

Après quelques années et 6 à 8 audits, il lui est conseillé de participer à des audits externes « système de management ».

Moyennant quelques précautions, notamment son acceptation par l'audité, il pourra prendre la responsabilité d'audits internes.

Plus tard, il pourra prétendre à une reconnaissance ou une qualification, qui lui permettra de conduire des audits externes en tant que responsable d'audit.

L'accompagnement est donc potentiellement long. Il prend au moins un an.

100 *Quelle reconnaissance pour le métier d'auditeur ?*

Hors de l'organisme, point de salut !

L'auditeur débutant ressent généralement cette fonction comme complémentaire à sa fonction principale dans l'organisme. Le besoin de reconnaissance n'est alors pas très important. En revanche s'il décide d'augmenter sa pratique, d'élargir son champ d'audits, il aura besoin que sa hiérarchie en tienne compte et lui donne les moyens de l'exercer.

C'est lorsque l'auditeur se tourne vers l'extérieur (de l'organisme) que le besoin de reconnaissance devient impérieux.

Cette reconnaissance peut parfois être prise en compte au cours de l'évolution métier de l'acteur. Il ne faut cependant pas s'imaginer que le métier de complément qu'est celui de l'auditeur interne, potentiellement auditeur en externe, donne lieu à des primes exceptionnelles, ou à un avancement particulier (jamais vécu au cours de notre expérience).

Ce n'est que dans le cas où l'auditeur fait partie d'un cabinet conseil en audits, qui reconnaît de fait le métier, qu'une carrière d'auditeur est reconnue et prise en compte par le système.

Pour schématiser, le métier d'auditeur interne (en complément de sa fonction principale) est peu reconnu. Pour les audits de certification, c'est un auditeur reconnu (ICA, IRCA...) qui sera sans doute « reconnu en interne ».

Cette reconnaissance devra évoluer, sans quoi les candidats au métier d'auditeur ne seront pas légion, et le processus audit sera condamné à terme !

101 *Mes « trucs d'audit » ?*

Je prépare l'audit par le dialogue, et j'éclaire l'audité par des informations qui vont le conduire à un « état » de réceptivité à l'audit... je l'attire vers le miroir.

J'envoie un support de « transparents », qui présente le champ de l'audit, la démarche audit, la chaîne des acteurs, les processus identifiés vus par l'auditeur, le plan indicatif de déroulement de l'audit, le principe des normes ISO 9000... dès que possible.

Je prépare ainsi l' « effet miroir » !...

Je ne me noie pas dans les documents envoyés avant audit !

J'arrive le matin de l'audit le plus frais et disponible.

Je prends connaissance des locaux et m'approprie le terrain, la salle de réunion, j'occupe **le** lieu stratégique de cette salle (il n'y en a qu'un : dos à la lumière, près du tableau et du rétroprojecteur, je suis donc entre le tableau et les audités).

J'écris **en gros** l'intitulé de l'audit, qui sera ainsi lisible en permanence y compris par ceux qui sont invités en cours d'audit.

J'ai mes transparents qui me servent de guide pour l'introduction.

Je passe le plus vite possible la parole aux audités.

J'interromps les audités pour respecter l'horaire et le jeu des questions-réponses.

Je ne court-circuite pas les pauses !

J'évite le vin à table (sauf s'il est bon, et toujours avec modération).

Je prépare et conduis la réunion de restitution selon le schéma ISO 9000 avec quatre cadrans, sur le tableau blanc.

Les points capitalisables sont formulés en bleu ou autre couleur différente du rouge.

Je propose une hiérarchisation de certains écarts (écrits en rouge) parfois fausse, pour ménager des « espaces de négociation ». L'audité devient ainsi participant à l'image finale.

Je fais prendre en photo avec un appareil numérique l'image du résultat de l'audit sur le tableau. Le fichier est tout de suite extrait et envoyé par e-mail à mon adresse et aux audités.

Le rapport d'audit sort vite !

19

Perspectives d'amélioration dans les organismes

102 *Peut-on valoriser l'audit ?*

L'audit est encore actuellement relativement mal perçu. Les pratiques d'audit sanction, ou d'audit pour l'audit, entachent encore fortement l'image de cet outil conçu en réalité pour la satisfaction des besoins et des attentes.

La valorisation de l'audit est une nécessité, pour progresser vers une culture d'amélioration permanente.

C'est pour cela que la phase préparatoire à chaque audit revêt une importance considérable pour mettre à l'aise les audités.

Au début, la mise en œuvre de l'effet miroir est difficile, mais s'améliore avec le temps.

Comment s'y prendre ?... Vraisemblablement avec au moins deux conditions fortes au sein de chaque organisme :
- La direction doit impulser un management de l'audit exigeant et lucide pour que **l'ensemble des processus** (pilotage et support) soit associé aux processus de réalisation critiques de l'organisme.
- Le corps des auditeurs pratiquants est un vecteur fort de la valorisation du processus audit. Avec de bons auditeurs, nous progressons tous.

103 *Quelles sont les perspectives d'amélioration ?*

En premier lieu, les perspectives d'amélioration se situent au niveau des programmes d'audits, en dépassant une vision annuelle, voire improvisée. Il faut des programmes pluriannuels.

Les donneurs d'ordre, en particulier pour les projets, doivent inciter les organismes à devenir autonomes dans leurs systèmes de management, en les encourageant à se structurer et à faire vivre leurs propres audits internes... en montrant ainsi l'exemple !

Les audits dits de processus paraissent pour l'instant utiles, à condition de vérifier aussi leur application à des prestations concrètes. À terme, ils devraient sans doute diminuer au profit des audits systèmes, même si les systèmes de management deviennent plus exigeants.

Les améliorations sont aussi attendues au niveau des ressources internes aux organismes. Faut-il plus d'auditeurs ?... Pas si sûr ! Plus compétents, sans doute, mais à condition qu'ils pratiquent régulièrement... Par conséquent, ils peuvent prétendre à une reconnaissance, qu'il faudra faire évoluer.

Autre perspective, les boucles d'amélioration :

- celle du terrain qui, généralement, existe déjà mais qu'il est nécessaire de faire mieux fonctionner !... la hiérarchie proche en est le véritable moteur.
- la boucle stratégique, animée à un niveau plus élevé de l'organisme, qui existera d'autant mieux qu'elle le montrera et qu'elle fonctionne bien... il faudra communiquer ! Là, la mise en place d'indicateurs de fonctionnement du processus audit est indispensable.

Autre voie à défricher, ou à conforter, celle des domaines moins confrontés à la concurrence. Les organismes publics, la santé, la recherche, l'administration, les collectivités locales... Déjà des prémisses se font sentir, la recherche de l'efficacité, et maintenant de l'efficience autorisent les décideurs, les politiques, à utiliser la démarche audit.

Un grand espoir ? Sans doute les futurs systèmes de management intégré... Un enjeu de ce début de troisième millénaire sans doute rendu possible avec les NTIC [40]!

40 NTIC, Nouvelles technologies de l'information et de la communication.

Bibliographie normative

NF EN ISO 9000 (décembre 2000) : Systèmes de management de la qualité — Principes essentiels et vocabulaire

NF EN ISO 9001 (décembre 2000) : Systèmes de management de la qualité-exigences

NF EN ISO 9004 (décembre 2000) : Systèmes de management de la qualité — Lignes directrices pour l'amélioration des performances

NF EN ISO 14001 (octobre 1996) : Systèmes de management environnemental — Spécifications et lignes directrices pour son utilisation

NF EN 19011 (décembre 2002) : Lignes directrices pour l'audit des systèmes de management de la qualité et/ou de management environnemental

FD X 50-176 (juin 2000) : Management de la qualité — Management des processus

FD X 50-183 (juillet 2002) : Outils de management — Ressources humaines dans un système de management de la qualité

Projet final ISO/FDIS 10006:2003(F) : Systèmes de management de la qualité — Lignes directrices pour le management de la qualité des projets (appelé à devenir un FD dans le corpus normatif français)

FD X 50-410 (novembre 1999) : Recommandation générale pour la spécification de management de programme (reprend la Recommandation générale RG.Aéro 00040A 04 1999)

FD X 50-115 (décembre 2001) : Management de projet – Présentation générale

FD X 50-116 (décembre 2001) : Management par projets

FD X 50-117 : Gestion du risque – Management des risques d'un projet

FD X 50-550 (octobre 2001) : Démarche qualité en recherche – Principes généraux et recommandations

IMPRESSION, BROCHAGE
IMPRIMERIE CHIRAT
42540 ST-JUST-LA-PENDUE
SEPTEMBRE 2003
DÉPÔT LÉGAL 2003 N° 9192

IMPRIMÉ EN FRANCE